图说大学生活

尤长军◎著

中国石化出版社

内容提要

本书共分为5章，内容包括修身篇、笃行篇、劝学篇、生活篇、团学篇，分别从大学生思想教育、心理教育、学习、日常行为、大学生活、班级党团建设等方面对学生进行谆谆教诲并提出殷切期望，帮助大学生树立正确的、科学的人生观、世界观和价值观，更好地认识大学、完成大学的学习和生活。本书语言幽默、风趣，且书中配了大量的插图，生动形象，贴近大学生心理，润物无声地对学生起到教育作用。

本书适用于普通高等学校、职业学校在校大学生阅读和学习，也可为从事大学生思政政治教育的工作者提供参考。

图书在版编目（CIP）数据

图说大学生活 / 尤长军著 .—北京：中国石化出版社，2023.4（2023.12 重印）
ISBN 978-7-5114-7018-8

Ⅰ. ①图… Ⅱ. ①尤… Ⅲ. ①大学生 - 学生生活 - 图解 Ⅳ. ① G645.5-64

中国国家版本馆 CIP 数据核字（2023）第 053879 号

中国石化出版社出版发行
地址：北京市东城区安定门外大街 58 号
邮编：100011　电话：(010) 57512500
发行部电话：(010) 57512575
http://www.sinopec-press.com
E-mail：press@sinopec.com
北京科信印刷有限公司印刷
全国各地新华书店经销
*
710×1000 毫米 16 开本 9.5 印张 114 千字
2023 年 6 月第 1 版　2023 年 12 月第 2 次印刷
定价：38.00 元

前　言 | PREFACE

时光荏苒。2000年毕业后，我来到辽宁农业职业技术学院做了一名辅导员，从此再也没有离开我的学生和我选择的大学生思想政治教育工作。回首23年的工作历程，与学生相处的那一幕幕场景，每一个青年学子朝气蓬勃的身影都使我难以忘怀。我感到非常幸运，是因为自己选择并从事了自己热爱的学生工作；我感到非常幸福，因为工作中获得了太多学子给予我的关心和祝福，和学生在一起让我感觉踏实，和学生在一起脚下才有力量。

习近平总书记强调，要给学生心灵埋下真善美的种子，引导学生扣好人生第一粒扣子。如何能帮助大学生扣好人生第一粒扣子，首先要加强对大学生思想政治教育的认识。教育的根本任务是立德树人，思想政治教育就是为完成这一任务服务的。怎样立德树人？作为辅导员和思想政治教育工作者要帮助大学生树立正确的人生观、价值观。大学生抱着什么样的想法读大学，这对能否读好大学至关重要，学生离开大学的时候不仅要带走知识，更要带上正确的人生观、价值观，有了正确的人生观、价值观，当他们未来行走在人生征途上的时候，脚步才会更加坚定，做社会主义建设者和接班人的信心才会更加坚定。反之，会出现价值观左右摇摆的情况，从而导致奋斗目标模糊甚至丧失。因此，大学生思想政治教育，一定要在帮助学生系好人生第一粒扣子上下功夫，辅导员与全体思想政治教育工作者要不断提升自己的理论素养，不断学习，加强研究，把握思想政治教育的规律。同时，大学生要也对大学生活有充分的认识，明确大学期间自己的目标，充实而有意义地度过自己的大学时光，为顺利走向社会打下坚实的基础。基于此，才有了这本《图说大学生活》。

这本书里面都讲了什么？该书从学生发生的真实案例入手，剖析问题的原因、给出问题的答案、指明努力的方向，配上直观的图片，用最精练的语言、最直观的画面，讲述最直接的道理，是一本辅导员开展思想政治教育工作和理论宣讲的参考书，同时也是大学生自我成长的指导书。文中的38篇文章都是我在一线工作中遇到的学生事件，并把处理时的思想教育内容进行了整理，包括大学生思想教育、心理教育、学习、日常行为、大学生活、班级党团建设等方面，出发点就是为了更好地做好学生的思想工作，更加广泛地影响到更多的学生。每篇文章通过阐述一个问题，并辅以分析，引出一些思考，然后带给学生应该得到的答案，并且赋予了一些期望和祝福，让学生慢慢体会成长的道理，从而达到润物细无声的育人效果。

这本书的特色是什么？一是书中的各章节内容全部来源于一线的日常管理思考，即每一名大学生思想政治教育工作者每一天都需要面对的事情。二是书中所有的插图都是我原版手绘，每一幅图中的警示语言都与文章内容贴合，使读者从中得到的启发一目了然。三是此书是我个人专业特长与工作内容结合的展示，可以是每一名辅导员思考如何破解个人专业与大学生思想政治教育有机结合的范例，我大学所学的专业是美术教育，书中的插图就是自己专业技能与工作思考的有机结合。很多工作在学生管理一线的辅导员，在长期的学生管理和大学思想政治教育工作的过程当中，或多或少地感受到工作当中存在一些瓶颈和惯性工作的问题。我个人同样存在此类问题，尤其是在2000年，我写了近百篇网文，在这个过程当中发现很多网文光有文字确实很苍白，思考总结的过程中我逐渐感觉，发挥自己的专业特长是一个增加工作兴趣点的很好的突破口，于是自己开始创作一些图片，并根据文章内容，在图片上附加文字，因此，更加新颖的“图说思政”形式的网文产生了。2020年3月，在“高校思政网”上推出了自己第一篇“图说思政”网文，因为文章的特色性和直观性，反响很好，更加激发了我创作的热情，渐渐就形成了自己的一个特色网络育人品牌“老尤图说思政”，目前，我仍在持续更新，鞭策自己、赋能他人、引导学生弘扬正能量。这些网文就是这本书的原始材料。

这本书的影响是什么？大学生思想政治教育中许多知识点具有很强的理论性和抽象性。如果用理论来解释理论，单纯的说教会让学生感到枯燥无味，失去学习和接收的兴趣。因此，激发学生的学习兴趣和主动参与意识，要充分利用好大量图文并茂的文章，把抽象的问题或者知识具体化、形象化、案例化，帮助学生理解所应该掌握的内容，提高学习和领悟的信心和兴趣，增强政治认同、行为认同、情感认同。辅导员九大职责明确了工作范围，也给了辅导员工作的推力，通过此书的参考助力，让更多的辅导员从中得到启发，思考如何让自身的优势转化成为开展大学生思想政治教育不竭的动力源泉。《图说大学生活》可以成为大学生自我成长的参考图鉴，也可以作为青年辅导员开展学生工作宣讲教育的参考图书。

大学阶段是大学生道德学习和道德建设的重要时期，是养成道德观念和道德行为的关键时期。开展好大学生思想政治教育工作，就要实现情感上的共鸣和理念上的认同，永不丧失其乐于追求和学习的情感，达到价值判断和行为准则上的升华，力争知、情、意、行的统一。网络时代，论文可以粘贴，哲理可以复制，素材可以拼凑，唯独思想和辨别能力是自己的。因此，与其迷恋素材，不如提升思辨力；与其挑选，不如把学生的点滴汇聚成原创。因为有了学生，我们才可以传道、授业、解惑，你才成为你自己。

一句话与大家共勉：要想度过一个充实的人生，只有两种选择，一种是从事自己喜欢的工作，另一种是让自己喜欢上工作。

目 录 | CONTENTS

劝学篇 >>

生活篇 >>

团学篇 >>

修身篇

1 {谈爱国：懂得，你才更加热爱

一个繁荣稳定的国家，会给我们每一个人带来更多的幸福感。从鸦片战争的屈辱，到新中国站起来、强起来、富起来，让我怎么能不热爱自己的国家？新中国成立至今，每每提起，我都倍感无上荣耀。爱国，是一个崇高的话题，什么才是爱国的根本呢？我想就是对自己民族文化的认同，对国家体制的认同，对我们党的认同。从国家层面到我们的生活层面，在为人、处事、接物上很多问题都是这样的，有共识、有共鸣，你才能够更加地想去了解、想去拥有、想去热爱，故而讲：懂得，你才更加热爱。

爱国要有种精神。只有了解祖国山河的美丽、富饶和博大，懂得中国文化的深邃、悠久和柔绵，你才能更加热爱她，更加想去探究她、建设她。作为新时代大学生怎样理性地去爱国，是需要思考的。为什么要理性爱国，因为爱国不是一时冲动，也不是一句口号，更不是一次活动，新时代赋予我们的身份是：肩负伟大复兴的中国梦的实践者、完成两个一百年奋斗目标的亲历者。和平年代不需要我们再抛头颅、洒热血，但更需要我们充满热情，充满自信地去学习、去参与、去实践。我们不需要一时的爆发，我们更需要理性与持久地去爱她。热爱祖国，祖国的一切我们都要接受和包容，不足之处需要我们努力建设，璀璨的文化需要我们发扬光大。

爱国要有归属感。五千年璀璨的文明孕育了伟大的民族精神，是 14 亿中国人奋斗精神的动力源泉。今日祖国繁荣稳定，才有了我们青春美丽的校园，才有了我们愉快无忧的生活和浪漫纯净的爱情。由此可见，只有我们伟大的党领导的伟大国家才能给我们带来幸福的生活。现在之中国是正走向伟大复兴之路上的中国，我们人人都应该感到自豪。

爱国要从己做起。西方国家对我们伟大祖国的诋毁与制约，可以说无孔不入。西方国家自身就一定完美和民主吗？对此我们不能盲从，要有清醒的认识。客观讲，世界任何一个国家都有欠发达的地方、发展不平衡的地方，所以说，爱国要清醒理性，不同民族、不同身份、不同职业、不同岗位上的人，只要做出自己应该做的贡献，那他就是爱国的。作为新时代青年大学生，就要笃行好学，熟知理论，通晓技能，修德立身，坚持探索与奋斗，用感恩之心去领悟亲情，用青春才华去回报社会，这就是爱国！

2 {谈思考：“流量”生活，正在蚕食你

当今时代发展真是太快了，快到一觉醒来世界又是全新的；快到让人没有时间坐下来喝杯茶，谈谈理想与人生；快到让你感觉自己的脚步追不上日新月异的变化；快到真正让你安静时，不知道应该做什么，该思考什么。

一段开头语，可能年轻的你过着太安逸的生活，还没有这样的体会。因为，大学生就是最安逸的一种“职业”，不需要过多的思考，躺在床上打打游戏，累了睡一觉，饿了点外卖，不用出门就送到你的房间了，聚聚会，嗨皮一下，男女朋友也不用为房子、工作、柴米油盐而操心，就是一个字：“美”。但即使这样，还有人在抱怨生活对自己不公。试问一句：你真正思考过你的人生目标是什么吗？你要做什么？你能做什么？你做了什么？

我们把抱怨当成了习惯，就如喝海水，喝得越多渴得越厉害，到最后发现走在成功路上的都是不抱怨的“傻孩子”。没有人是完美的，社会也不

可能是完美的，因为社会是由所有不完美的人组在一起的。我们只有多一点理想、多一点勤奋、多一点努力，世界才会越来越美好！我们总是评价成功的人为什么成功。因为他善于思考，更善于总结。在这个过程中，当你想要放弃时，一定要想想那些睡得比你晚、起得比你早、跑得比你卖力、天赋比你还高的牛人，他们早已在晨光中，跑向那个你永远只能眺望的远方。

作为青年学生，要学会思考、善于思考，思考不仅能帮助你认识到自己的缺点，不断完善自己，还能让你发现生活中很多鲜为人知的真理。爱思考的人，能从多个角度看待事物，往往更容易获得成功。而忽略思考的人，对待事物往往很随意，容易受习惯和个人性格的影响，不能进行正确的判断，导致随波逐流，恶习缠身。所以，我们不要把自己退化成只会在网络里游荡的“僵尸”，更不要让自己成为收纳外卖食物的“容器”，走进阳光，独享一处自然，思考一下自己的人生，你的生活会充满更多的阳光雨露。

我们在处理很多身边问题时，“思考”两个字要摆在前面，这样你会更加从容地面对问题。与他人相处，想要沟通得好，一定是能抓住事情的关键，从事情的根源解决问题，比如与同学之间发生问题时，很多人第一反

应是别人是错的，自己是对的，其实事实不一定如你所想，这个时候静下来思考一下过程，结果会更好。我们是群体生存的物种，一定会有不理解他人的时候，也有被误解的时候，要学会换位思考，站在他人的角度想一想，了解是为了什么，有什么想法，有什么目的，这个过程会使我们变得更加冷静和睿智。孔子讲：“己所不欲，勿施于人。”意思是：自己不喜欢、不愿承受的事，也不要强加在别人身上。古人的这个处事原则，善于思考是根本。

思考会让问号变成答案。

思考是勤奋的一种表现。华罗庚讲过：“偶然的机遇只能给那些学有素养的人，给那些善于独立思考的人，给那些具有锲而不舍的精神的人，而不会给懒汉。”科学如此，人生亦是如此。善于思考，你才能在现有的基础上得到提升和发展。我们需要改变，就需要时刻提醒自己思考，思考可以改变你的思维方式；思考可以改变你的生活、环境和地位；思考可以为你赢得更加出彩的未来。

业精于勤，荒于嬉；行成于思，毁于随。学会思考吧！

3 谈反思：反思，会让自己不断超越

曾子曰：“吾日三省吾身。”先贤想告知我们：唯有在经历中不断反思自我，不断思考人生，不断修正自己的行为，才能使人摆脱肤浅、盲目、自大而走向睿智。

古罗马西塞罗说过：“每个人都会犯错，但是，只有愚人才会执过不改。”思考是行为的种子，在《谈谈系列之七》中我写过关于思考的内容，可以再看看。处在大学阶段的青年学子，一面是激情满满、活力四射、万千羡慕；另一面是不能踏踏实实地瞄准目标，做事总是很冲动，完全不考虑后果，总是自以为是，犯错时还豪情满怀地讲：“这不算什么。”或豪情万丈地讲：“我顶！”试问，天上掉下来一滴雨，你可以顶，但若掉下来的是一块石头

呢？你又如何顶呢？要拿自己的余生顶吗？许多年轻人习惯了眼睛长在前面，只看到别人的错误与不满，永远也看不到自身的缺点与陋习。

只有行动才能给生活增添力量！

法国拿破仑说过：“不会从失败中寻找教训的人，他们的成功之路是遥远的。”人生有许多的事，得失成败我们不可预料。许多的选择如果我们能主动抓住，就能抵达成功。相反，当我们一次次失去机会时，没关系，通过反思，你会明白，那只是命运剥夺了你活得高贵的权利，但并没有剥夺你活得伟大的权利！你要知道，虽没有蓝天的深邃，但可以有白云的飘逸；虽没有森林的广阔茂盛，但可以有树叶的飘舞；虽没有大海的广阔，但可以有小溪的秀美。人生中没有旁观者的席位，通过反思，一定能找准自己的位置。

宋朝戴复古诗曰：“黄金无足色，白璧有微瑕。”人无完人，在人生的成长道路上，每一个人都会犯错误，会留下不可磨灭的印象。如果做不到反思，只会错上加错，愈陷愈深。所以，反思是成功的基石。在人生的道路上，反思自我是进取的必备条件，真正思考的人，从自己的错误中吸取的知识要比从自己的成就中吸取的知识多。现在让我们在求知的路上，养成反思自我的好习惯，实现理性升华，让每一天都变得有意义，变得多彩！

反思是一面镜子，帮你找出自己的不足；反思是好友一句鼓励自己的话，鼓舞你不断前进；反思是前进的动力，推动我们走向成功。成长中不愧对家人、老师、朋友，还有自己，虽然要做的挺多，要很久，但要相信，一步一步向前，总会到达终点！

4 {谈成长：茶之味，不在于杯之形

每当我与学生谈成长，学生会问我，什么是成长？我总结出一些，不敢说是定义，只能说是 20 多年一线学生工作的感悟吧！

我们每一个人从呱呱坠地开始，身体的成长是清晰可见的。每一个人思想上的成长，虽然过程不一样，所经历的事情不一样，但结果都应该是一样的，那就是要学会面对、学会适应、学会感恩，积极乐观地面对生活。青年

人，成长就意味着要抛弃一些东西，努力得到一些东西，无论好的、坏的，愿意的、不愿意的，过程会慢慢教会你很多，会悄无声息地让你成长。

进入大学之前，同学们每日在书山题海中挣扎，经过一个独木桥之后，来到了大学校园。很多人感觉自己进入了另一种一日规范的约束，这和高中没有区别呀？疑问出现了，甚至迷茫了，不理解、不适应、不参与，很多时候都在矛盾和挣扎中度过。根源在哪儿呢？自己就是最好的答案。

随着时间的推移，大家逐渐发现大学有很多不一样，班级考第一、科科

满分、单一文化学习，已经不再是唯一，综合素养的提升刻不容缓，再低头赶路就会迷失方向，再飘摇不定就会盲目坠落。这个时候就是你成长的瓶颈期，你要找到发展的方向，来读书是为了什么？我想要干什么？我想怎么做？要想知道答案，就不能怨天尤人，成为一个喋喋不休的“怨妇”。要明确方向，紧紧抓住放飞的自我，不让他飘摇坠落，这就是成长。

一个学期过去了，自己成了先进个人，受到了表彰，让自己满怀喜悦而不自满，这样的收获就是一种成长；自己受到了责备、误解，会闷闷不乐，排解错误的根源，化掉误解，这样的克服就是一种成长；自己受到了规章制度的约束，了解了、做到了，这样的格局就是一种成长。

当面对自己设定的壁垒，每日愤愤不平时，甚至想逃避、离开时，我们应该知道，在我们撒娇任性、潇洒快活、挥金如土的时候，总会有那么一两个人在默默地为我们承担，在悄无声息地为我们付出，如我们的父母。为了爱我们和我们爱的人，不要逃避成长带给我们的责任，要勇敢地、主动地、坚定地长大。成长的路途上，每个人都会有痛并快乐的阵痛，这时你要知道，一个人的成长，需要内心的坚定，需要敢于否定自己、突破自己、重塑自己，需要坚定信念，对自己说："我能行！"

成功很近，需要前进；成功很远，继续努力。成长，可能只需要跨越"一层纸"的距离，这段距离，对于不同的人，所要花费的时间也不尽相同。谁不想快乐地成长，谁不想早一些成熟，谁不想一览众山小，只有学习，不间断地学习，学习未知的所有，才会将一个不成熟的人，逐渐打造为炉火纯青的金石。

人之生，不在时之逝。一轮红日喷薄而出，地平线上万丈光芒，那是我们成长的历程，那是我们火红的希望，就这样慢慢长大，活出自己的精彩与辉煌。

5 {谈感悟：感悟，是写给自己的一本书

“假舆马者，非利足也，而致千里。”出自《荀子·劝学》，意思是：驾车的人，并不是他自身善于行走，但却能到达很远的地方。比喻人如果能够借助外力，就能做很多难以做到的事情。即将离开校园走上工作或实习岗位的同学们，应该更加理解这句话的意思。

再回首，不敢笑流年。同学们可以去听一下，离开校园走到各自工作岗位上的同学所讲的话语，你认真体会就会清晰地发现，实习的和就业的，在岗位体会上还是有些距离的，就业的和创业的也是有很多差别的，这也正是我们需要了解和领悟的。其中很多毕业的学生都有写到，很怀念校园时光。他们和现在校园里的你们一样都曾潇洒地走过一回，走过了也就懂得了：课堂值得珍惜，因为它会给你带来求职的智慧；实训基地和实训室值得珍惜，因为它可以给你带来生存的技能；寝室生活和业余活动值得珍惜，因为它会给你带来一生的友谊。他们珍惜的正是我们在校园生活中正在经历的，你是否非常投入地去完成了呢？

少年不识愁滋味。大学生活，给每一个人都提供了太多的机会来提升完善自己，一部分人因自己的拒绝、逃避、厌烦而错过了，一部分人能睿智地把握住锻炼自己的每一个机会，自己就慢慢地成长了。当离开校园时，有迷惘的，也有信心满满的，差别就出来了。每位同学都应该好好聆听一下学哥学姐们的话语，他们说得很真诚，没有套话，也没有官话，都是发自肺腑的、从他们成长过程当中体会出的一些道理。

珍惜当下，且行且珍惜。二年级的同学，就业指导系列课程已经上完了，课程的内容只是给你一个指导、一个提示、一个方向或者是点一盏灯，大学

的路怎么走，你还得需要自己探索。这些已经走出校门的学哥学姐，已经在他们的体会和感悟中把路和方向给你规划出来了，很好也很明确，应该仔细地去听一听，他们告诉你的很多事情，都是你在校园里面应该注意的事情，更是你走出校园应该注意的事情。

磨刀不误砍柴工，编筐窝篓都在收口。越到临近毕业的时候，我们越应该知道自己需要什么，这个时候你应该静下心来去思考一下自己的方向。近期毕业 30 名学长所带来的体会和感悟，对于二年级 294 名同学来讲是十比一的关系，我们 10 个人瞄着一个人去做一下自己的规划，这些学哥学姐的经验都可以给你提供参考，不要再盲目地度过这剩下的三个月。智者要借力而行，慧者要顺势而动，站在巨人的肩膀上，你一定会眺望得更远。

大鹏一日同风起，扶摇直上九万里。任何一名学生工作的组织者，都会积极地探索新渠道，给学生提供适合个体发展的平台，营造积极向上的育人氛围，让每一名学生从中都能得到感悟。你可以走得慢，但是你一定要有方向；你可以短时间地打个盹儿，但是你必须冲过终点线。鼓励与被鼓励一定是相互的，互相凝望的时候，一定是四目相对；当我们手牵手的时候，一定是两只手搭在一起。这样我们才能产生共鸣，才能形成合力，才能找到方向。

在校园里，你错了，会批评你；做过头了，会规范你；做出格了，会处分你。但不管用什么方法和手段，终归是想让你在走出校门的时候，成为一名合格的大学毕业生，能够面向阳光、昂首挺胸、充满斗志，可以自豪地说："我辈岂是蓬蒿人！"

你若盛开，清风自来；心若浮沉，浅笑安然。

6 谈归属：归属，才会让你感觉到快乐

旅途中的人，最期盼的就是回到家中窝在沙发里，静静地享受家的气息，享受着身边亲人给自己的安慰与爱护，这就是心灵的归属带给自己的精神抚慰。作为大学生，你正走在求知的旅途上，哪里会是你的归属？

今日的大学校园就是你的归属。因为对于很多人，校园求学之路会在这里画上句号。既然要结束，那就要好好地爱护她。对于任何一个有情感的毕业生，“母校”这两个字是有特殊意义的，也许你的校园没有北大、清华那样华丽，但在你的心里她超越北大、清华，因为这是你的母校。你爱她、呵护她、宣传她。爱校就是我们的能量之源，在校园里就要认真地体会她会给我们的未来带来什么。

当你静静地感受归属带来的幸福时，你有没有想过，它的活力之源在哪里。作为青年学生，校园里的文明就是源泉。文明不是整齐划一的，是可以百花齐放的，可以有自己的个性。但是一定要记住，个性是融于共性之中的，可以说没有共性的个性，是偏激与无知的，是种不负责任的表现。没有共性的存在，又何谈个性呢？都是自由主义，哪还有集体；没有集体，哪里还有这个校园；没有校园，我们怎可称为大学生。所以，我们一定要清楚，创建文明校园，就要修身自律，就要遵守一日规范，就要规范德行操守。作为一名大学生，要远离一些社会不良现象，要远离毒品、赌博，远离不劳而获，远离过度“早熟”，因为我们的青春是充满希望的青春，不可虚度。

既然我们找到了归属，就一定不能迷茫。一定要仔细想清楚，你来干什么？你想要什么？我们在大学里面待三年、四年或者更长些，最后你应该得到什么？你毕业想要干什么？这一系列对自己的追问和考量，都需要在你当下的归属之处去努力感知。

在校园里面，你要以身为大学生而自豪。当你毕业多年以后，就能体会什么叫作归属感，你也能真正懂得大学给你带来的知识，带来的力量，带来的人生感悟。

作为班级的一分子，一定要懂得去付出，去维护。你可以不做牵头人，但是你一定要配合好班级各项工作，因为班级是你生活的集体。当五年或者十年聚会的时候，班级仍是一个集体，那是一种归属。当你回忆大学生活的时候，你都无法忘记班级带给你的点点滴滴。关爱你的班级吧！想一想主动参与的快乐给你的影响，与被动接受给你的影响是一样的吗？

你在远离家乡的时候，寝室就是你一个临时的家。你怎么与室友相处，爱护好这个家？要知道无谓的争执是没有价值也没有意义的。我们要学会包容，学会谦让，学会接受，这就是你成长的表现！一个成年人和孩童有什么区别？

孩童比较随性，想说就说，想吃就吃，想喝就喝，想抱怨就抱怨。成年人一定是知道什么可为，什么不可为，要分析利弊权重后你才能去做，这才是成年人。

爱校、爱班级、爱寝室，就是给自己勇气，给自己尊严，给自己回忆，并且回忆时有一种心有归属带来的快乐！

7 { 谈军训：军训不仅淬炼出强大，还会暴露出“弱小”

军训，一定会如梦一样，匆匆地来，又在你没有细细品味那份感觉的时候悄然而逝。几天的军训是短暂的，但它留给你的美好回忆却是永恒的。军训几天，你们不仅是学习站军姿、走正步、练队形，更是在磨炼一种意识，一种吃苦的意识、一种坚持的意识、一种团结的意识、一种遵守纪律的意识，这些收获，足以让你们享用一生。

军训可以让你看见自己的强大。苏轼语：“古之立大事者，不惟有超世之

才，亦必有坚忍不拔之志。”这句话意思是：自古以来凡是做大事业的人，不仅有出类拔萃的才能，也一定有坚韧不拔的意志。军训不但培养人吃苦耐劳的精神，而且能磨炼人的坚强意志。站军姿，给了你新时代大学生脊梁不屈的身体，也给了你龙之传人无穷的毅力；练转身，体现了人类活跃敏捷的思维，更体现了集体主义的伟大。不积滴水，无以成江海。没有你们每个人的努力，就不可能有一支完整的、高质量的方队。训练的每一个动作，都让你深深地体会到团结的力量、合作的力量和团队精神的重要性。

军训会改变你的精神世界。军训是你们人生观、世界观、价值观的一个重要的提升点，军训也会是你们成长过程中一个重要的里程碑。军训让你明白团队合作精神的重要性；军训让你体会到什么是自制力和意志力；军训让你感受到同学之间的手足之情；军训也让你品尝到“思乡”的苦楚；军训使你见识到什么是铁一般的纪律；军训使你认识到什么是服从命令。

军训可以暴露出你的“弱小”。“妈妈，我不想军训了，你给我请假吧”“教官，我实在‘难受’，不能训练了”“老师，我真‘不能’坚持了”，等等，各种柔弱的声音会出现在军训中。青年人要立长志，如果我们连一个短短十几天的军训都不能坚持，又有何能力去回馈父母的养育之恩呢？遇困难只会选择逃避，动用父母所有的资源，就为让自己成为别人奋斗的观众吗？“宝剑锋从磨砺出，梅花香自苦寒来。”不经过淬炼何以成钢！遇到点辛苦就找各种理由逃脱，又何以在今后的大学生活中成长为引领者、带动者和组织者呢？难道你一开始就想成为一名追随者，成为自己命运的奴仆吗？不去想如何改变，而是不断地给自己寻找理由逃避，这样的你参加军训，训出来的一定是你内心的“小”，一定是你思想里的“弱”，一定是你前行中的“拦路石”。抛弃这种弱小吧！勇于去面对挑战，不仅是对你身体的挑战，更是对你心理的挑战，不要以小计得逞就暗暗自喜，因为你丢失的是什么，未来才会告诉你。现在我能告诉你的是：“军训中，你会拥有同学，拥有友谊，拥有真正的大学生活。”

大学生活中的悲喜堆叠，错错对对，会使你们慢慢了解到：没有什么是不朽的，我们呐喊、彷徨，都只有一个期限，那便是一生。一生何其短，又何其长。在合适的时间，做好你们分内的事，让自己充实起来，不要选择逃避，要敢于挑战苦难和挫折。这样，军训后的大学生活才会更加有意义！

致敬努力训练强大的自己，鼓励畏缩在角落里“弱小”的自己，在军训方队中去找寻更好的自己吧！

笃行篇

1 {谈勤奋：勤奋，让你自信满满

每个人能够顺利进入大学校园，我想智力都是合格的，是什么促成在三年或四年内形成的个体差异呢？直白地讲，“天才”与“笨蛋”的差别就在于勤奋。勤能补拙，即使你天资没那么好，也会通过勤奋的努力获得突破与成功。守株待兔，企图不劳而获，不可取，也不会成功。

勤奋，这看似简单的两个字，做起来却需要坚持，三分钟热血的激情，我们都可以畅快地做到，持久的坚持才是关键。现在很多人被称为“索取者”，没钱了，微信一点，父母卡里的钱就会飞快到位，潇洒自在，纵然没有颓废到整天吃喝玩乐的地步，但也算是衣食无忧了。长此以往，将导致怎样的后果呢？打不牢固的地基，是需要用时间甚至生命去修正的。

勤奋，是我们在校大学生学习的需要，是未来我们勇敢面对大千世界的需要，是我们直面无数挑战、无数坎坷的需要。如果我们不勤奋地学习，不掌握好技能，又怎能战胜这些挑战，跨越这些坎坷，抓住这些机会，挽救这些危机呢？明代一书《增广贤文》中写道："学如逆水行舟，不进则退。"意思是：学习就像逆水行驶的小船，不努力向前进步，就只能向后倒退。对于学习，只有勤奋学习，才会不断进步。

勤奋，是用自己的双手去开创自己的未来，而懒惰会让你逐渐感觉生活没有意义，充满着乏味。如果一味倦怠生活，随着时间的推移，懒惰的流沙会一点点将你淹没，禁锢你的思想。失去思想的人只是行尸走肉，又怎会取得成功呢？《论语》中讲道："学而不思则罔，思而不学则殆。"意思是：只是学习却不思考就会迷惑而无所获，只是思考却不学习就会精神疲倦而无所得。你不去做，怎么能学好呢？生活之花如果少了勤奋的浇灌就无法绽放，只会随着时间的流逝而渐渐枯萎。

勤奋，是打开理想之门的钥匙。勤奋不是"三天打鱼，两天晒网"的一时冲动，而是认认真真，努力干好每一件事情的坚持，是不怕面对荆棘与坎坷的勇气。从小事做起，修身自律，不投机取巧，不做一些掩耳盗铃的愚蠢之事。勤奋和成功是唇齿相依的。

任何成功都不是意外发生的，抛开浮华就能看见勤奋做成的基石。只有勤奋，才能让我们收获成功的喜悦；只有勤奋，才能让我们在人生的跑道上遥遥领先；也只有勤奋，才能让我们回眸的时候灿烂微笑。

用勤奋的清泉去浇灌你人生的幸福之树吧！

2 谈惰性：惰性，它改变你时无声无息

在我们身边有些同学，虽然外表收拾得光鲜亮丽，但学习懒散，两手空空就进入课堂；生活怠慢，做什么都需要他人提醒、催促；意志消沉，没有青年人应有的朝气；沉迷于手机，不求上进；事事与我无关，拒之千里；昏昏度日，脑海里的意识就是想着凑合着过吧，什么都不在乎又迷惘。这些归根结底就是惰性在作祟。

惰性，往往一开始让人感到舒服，殊不知，惰性往往会不知不觉把你的激情一点一点磨灭，等你反应过来，或许需要花上比原来多几倍的时间弥补，甚至永远也无法弥补。你现在还可以懒惰是因为有你的父母或亲人为你铺路，给你提供生活的资本，给你安排工作，帮你迎接挑战，解决问题。你可以一次、两次、一百次地侥幸下去，直到你的懒惰在别人的荫庇下发酵、腐臭，这样的状态使你在自己成长的路上，既感受不到开拓的艰辛，也感受不到成功的喜悦。

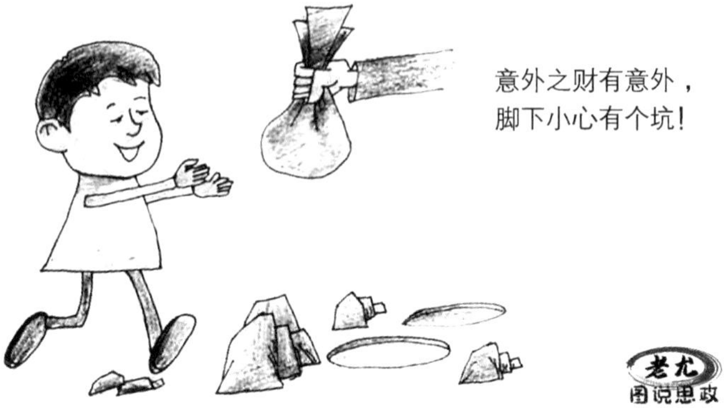

惰性，当一个人有了它时，做事就会迟迟不行动，一拖再拖。现在的校园中，被惰性影响的大有人在，而且很多人是在不知不觉中被影响的，有的人甚至干脆甘于被它影响。放任自己，只要自己喜欢，没什么不好的，这是自己的一种生活，选择什么样的生活是自己的自由。不要有这种想法，你一定要警醒惰性会偷走我们的青春，破坏我们的人生蓝图，让我们失去斗志。

惰性，面对它无论你苛责自己还是鼓励自己，最后引发改变的，是行动。想做什么，现在就开始做吧，不要等到以后。任何人都不可能一辈子跟着你，为你做铺路工，如果你就是要等待，想用嗟来之食，终有一天，你将面临穷途末路。那时你便会明白，世上没有不劳而获的早餐，没有永远的陪伴和守护。从现在开始，只要你做了，无论多少，你都是在行动，都是在改变，就算再微小的改变，都值得褒奖。

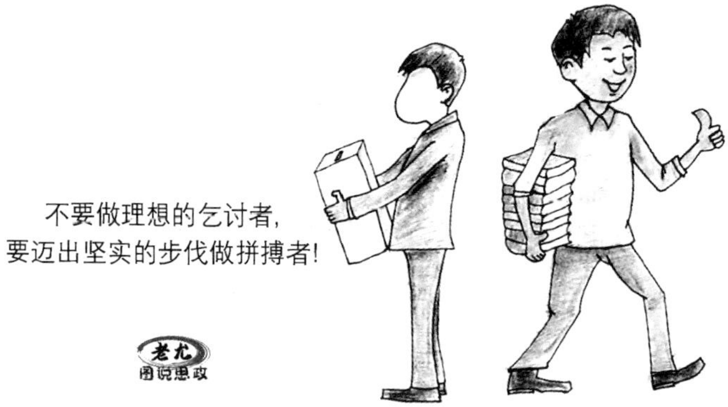

惰性，克服它要清楚自己努力的动机，从最微小的目标开始慢慢培养出行动的能力，培养出良好的习惯，一点一点进步，你就能够收获一个不一样

的自己，甚至是不一样的人生。“三分天注定，七分靠打拼。”天道酬勤，付出才有回报。科比，我个人认为是NBA 继乔丹以后最伟大的球员，一次一位记者问科比：“你为什么会如此成功？”科比反问：“你见过凌晨四点的洛杉矶吗？我见过每天凌晨四点洛杉矶的样子。”这句话已然激励了无数有着篮球梦想的球迷。我们试想一下，有着顶级天赋的科比依然能每天凌晨四点开始练球，你还有什么理由不努力呢？

在现实生活中，我们应该做的，就是未雨绸缪，提前做好准备，为明天创造更多的成功条件。

3 谈自由：自由，是有所为有所不为

谈到自由，对应的就是约束。我们渴望自由，迫切想要享受自由。日常里我们把很多制度、要求、鞭策理解为约束，感觉这也不让，那也不许。上

操、上课、上自习、完成课后练习，等等，这些都没有就自由了？这不是自由，是对学生应承担责任的逃避。

我们羡慕雄鹰翱翔于天空，多自由啊！其实不然，它的飞翔是为了生存，是为了守护领地，是为了寻找食物以哺育它的孩子，它的责任就是一种无形的约束。我们每一个人成长，都需要有人点一点你，拉一拉你。你的自由应该是风筝式的自由，飞多高都需要一根线，线的一头是你，另一头是制度。当你下坠时，拉拉你；当你想要飘远时，拽拽你；当你摇摆时，稳稳你，你就不会坠落于尘土，而是可以自由地飞翔于天空。

假如我们把自由当成是自己想做什么就可以做，做什么都能自己规定时，我们就会执拗地坚持自己的真理，就好像全世界都是你的。本以为自己可以活得更好，但实际上你已经被群体抛弃，被社会淘汰，被世界遗忘了。这不是自由，而是孤僻，是落寞，是悲哀。因为你处在社会中，你需要团队，你不能脱离群体而独自生活。假如我们把自由定为自己在学习、生活、工作中的向往，拼命追求自由的感觉，你会开始厌恶你周围的环境，尤其是你讨厌的人、物、事，那么你可能会不断放弃，不断彷徨，不断逃避，因而导致堕落，就好像风筝断了线，跑到哪儿就由不得自己了，岂不更可怕？

我们说自由是有边界的，不能让自由脱离一切，不能把自由看成是绝对的。既然知道过于自由的东西是有害的，我们就要把握该有的自由，并把这种自由当成是自己前进的动力。网红教授陈果讲：“自由不是随心所欲，而是有所为有所不为。”我们应该感谢制度，感谢规则，感谢点醒我们的人，让我们成长。

南非第一任黑人总统曼德拉说过：“当我走出囚室，迈过通往自由的监狱大门时，我已经清楚，自己若不能把悲痛与怨恨留在身后，那么我仍在狱中。”他讲的自由太崇高，我们可以不去详解，我想和同学们讲的是，思想的自由更重要，曼德拉讲的“留在身后”，是对折磨他的狱警的宽恕。我们在生活中会有争执，会有矛盾，也会有反感的人，如果我们学不会释怀，整日抱怨、抵触，甚至怀恨在心，那不也是做了一个束缚自己的死结吗？如果用别人的错误来束缚自己，你和这个犯错误的人又有什么区别呢？你还能超越自我禁锢，享受思想的自由吗？思想进入互相敌视的怪圈，行为上还有自由可谈吗？学会宽容、大度、谅解，你就是自由的。

为了明天真正的自由，我们在今天就开始努力，为了让自由不离开我们，我们现在一定要把自由加个“度”，让我们在制度的约定下，去享受充分的自由，不断奋斗、提升、成长吧！

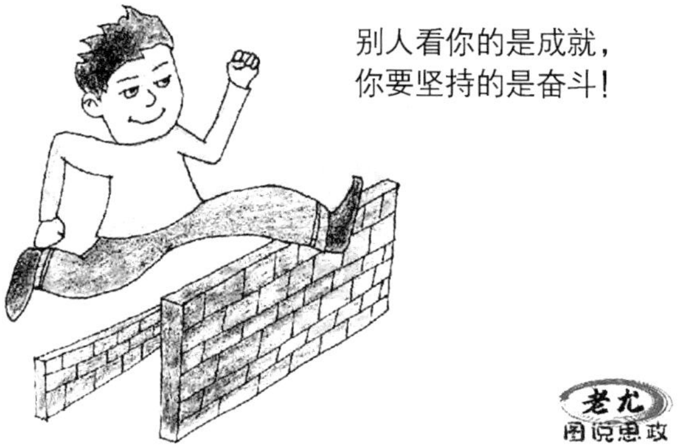

4 谈坚强：坚强，是自己最好的伙伴

“兄弟，哥们儿失恋了，陪我喝点。”结果昏天黑地、踉踉跄跄，但什么也没改变。一旦失控，受伤害的是自己，伤心的是父母，而他人终究是看客。

“老师，凭什么不选我做干部？他还不如我呢。”没有全面评价的责问就是幼稚的表现，任何人与人之间的比较，不仅仅是一招一式的对比，我们更多应该想想自己的短板在哪里。当你执拗地去质问，而没有再准备蓄势待发时，你已不如人。

“老爸，我们学校太不人性化了，还有早操、晚自习，这哪里是个大学。”试问大学又该是什么样的呢？你没有机会去感受其他的校园，那就好好适应现在的校园吧，拒绝和逃避不是成长的正能量。

“老妈，我要实习了，实习单位不知道什么样，听说很累，不想实习了，回家得了。”人终归要长大，你还要在“温室”里待多久？类似的呼喊有很多，但作用是什么呢？唯一能让自己勇敢面对的，就是坚强。

坚强，是一把伞，可以为你遮风挡雨。我们每一个人都曾是妈妈含在嘴里怕化了的“小王子”，曾是爸爸捧在手里怕掉了的“小公主”，曾是一朵秀丽的蔷薇，经不起太多风吹雨打。但当你离开父母、离开校园后，终究都要学会自己成长，尝试独自坚强！在我们生活经历过的任何一个群体里，都有过值得你信任和付出的人，多少人能够成为永恒不变的依靠？多少人不离不弃，但转眼随风散尽！多少人莫失莫忘，终败给岁月蹉跎！展望漫漫长路、策马纵横，依旧是要靠自己紧抓缰绳！

坚强，是一个舞台，会伴你演绎出彩的人生。冰心说：“成功的花，人们只惊羡她现时的明艳！然而当初她的芽儿，浸透了奋斗的泪泉，洒遍了牺牲的血雨。”在挫折或不如意到来时，仍能以积极饱满的意志去迎战，这样的人生才是出彩的。挫折是具有两面性的。一蹶不振，放任自流是一面。遭遇挫折，不调整心态以重整旗鼓，而是把自己闷起来，整日唉声叹气、怨天尤人，原本只是丁点儿的痛苦，被无形地放至无限大，沉浸在痛苦中。用心向上，永不放弃是一面。这样的人是智者，好似他的生活处处充满快乐，殊不知他们也有痛苦与不如意，或许会比你还多很多。但是坚强支撑他们打败挫折魔兽，潇洒地扬一扬头，甩一甩衣袖，负能量就会烟消云散。

坚强，是一种品质，能让你向阳而生。把坚强融入精神，升华为美德，变成跨越坎坷的信念；成为成功胜利的保障。在校园里，我们努力学习，不断感知，日益成长，如果你不够坚强，不能突破自我固化的思维，不敢去触及天空中最美的云朵，那你的心灵就永久是一片黑暗沉寂的世界。

每个人都要学会坚强，不要哭泣，不要悲哀，更不要逃避，因为这些无法帮助你解决问题。学会让自己变得坚强，才是让我们找到好方法的捷径。在困难面前我们要勇敢地应对，要学会不抛弃，不放弃。在布满荆棘的人生道路上，我们都需要坚强！

5 { 谈未来：我们就说说现在和五年后的事吧

我们国家很多事都是以“五”计算的。五年一个规划，从中央到地方都有这样的规划，现在我们正在落实的是“十四五”规划。我们也用五年来说说现在和五年后吧！

我们有时会为自己的不如意而忧伤，为自己的情感失去了寄托而压抑，为处处感觉到约束而不满，这是年轻人荷尔蒙造成的吧。静下心来想一想，这些问题五年后还会是问题吗？

关于学习：

曾经疫情阻碍了我们返校的脚步，“停学不停课”的网课成了我们学习的主要方式，一部分同学从最初的新鲜感逐渐过渡到了疲劳感，没有了室友的提醒，没有了班干部的点名，没有了下课的铃声，都好像不是很适应。

“挂着吧，溜走休息一会儿吧”。这样的想法逐渐增多，网课突然间成了一种负担，学习成了一种困扰，想要忘记它，躲避它，甩掉它。

我们想一下，学生不学习，要做什么呢？五年后你还会因为不学习而沾沾自喜吗？有的同学要准备实习了，对于未知的岗位，你真的准备好了吗？

七月临近，你的学生身份即将结束，成为一名准完整的社会人，你真的准备好了吗?

当你踏上岗位后的第一个五年结束时，你拿什么行走“江湖”，还需要每月向家里要生活费吗?

关于生活:

如今不论是哪个校园，几乎都是绿树成荫、高楼林立、窗明几净、标准的足球场地、篮球场地、排球场地，但是参与运动的学生却很少了，人都去哪儿了呢?

在寝室里，或者躺在床上，或者窝在椅子上，手里拿着手机，怀里搂着电脑，王者荣耀、吃鸡游戏，玩得不亦乐乎，游戏几乎占据了全部的生活时间。这样的现象在校园里很普遍。

如此玩物丧志，那五年后呢？现在你电脑里的游戏，五年后会给你带来什么生存技能呢？五年后还会有人给你提供窝在沙发里沉迷游戏的环境吗?

关于成长:

有很多学生问过我成长是什么，我告诉他们，从看不见的细胞，到看得见的外貌，再到体会得到的思维逻辑，都是你成长的一部分，成长是看不见摸不着但又能真实感受到的变化。

在这个成长过程中，我们每一个人要经历的很多。重要的是，对的你记住了多少，错的你是否还在重复。当你因为恋爱中的醋意，或者为了哥们儿义气，再或者就是“看你不顺眼”，与人大打出手后，受了处分、赔了金钱、进了局子、伤了父母。

五年后你身边的人又是谁呢？你的兄弟是否还是当年的兄弟？你是否还有底气看别人不顺眼呢？今天因伤了他人，离开了校园，五年后你的人生又是怎样的呢？

成长的快慢取决于你做了多少正确的事、吸取了多少他人犯错给予的教训，要敢于抓住每一次历练自己的机会，为成长赋值。

智者当借力而行，慧者运力而动。回首过去，审视当下，我们要为正在发生的和即将发生的事情而努力，五年后不会因为今天拒绝成长而懊悔。

错了可以重来，因为你还是学生；错了可以重来，因为你正青春；错了可以重来，因为有父母为你撑着天。可五年后呢？又一个五年后呢？再一个五年后呢？

6 谈抱怨：要懂得疏导学生的抱怨情绪

“这学校一天要求太多，管理得太严格了。”“这个学校并不是我最想来的，是家长逼着我来的。”“这专业不是我喜欢的。”诸如此类的抱怨声，我们作为学生工作者，会经常听到。解决这个问题的前提是要与学生说明，也是作为大学生应该明白的一个道理：既来之，则安之。好好地适应这儿的环境，找到适合你的学习方式，努力向理想靠近。抱怨无济于事，徒增烦恼，非智者所为。

寻找出导致学生压抑和不快乐的根源。可能谁都没有认真地思考过，抱怨恰恰是造成很多日常生活、学习困扰的原因，比如：抱怨为什么上早操，

为什么有自习，为什么要收拾卫生，等等。针对这个问题要讲清楚，我们生活在校园环境里，如果没有秩序，一切还能够井然有序吗？秩序混乱中出现的满目狼藉是我们想要的吗？可能有的人又会说：哪有什么混乱的，差不多就行。那又差多少呢？这个差不多有什么具体量化吗？如果没有那么好，就只有规范规范了。教育的根本任务就是立德树人，不论你理解还是不理解，能让每个人养成好的习惯就是教育的目的之一，有了好的习惯，对于任何一个人都会受益终身。

挖掘学生抱怨在校学习、生活的诱因你会发现，很多人之所以抱怨是因为现实生活中有太多束缚和约束，如父母的叮咛、亲朋的嘱咐、老师的说教、规章制度的限制，等等。所以，越来越多的人愿意存在于虚拟的网络空间当中。为什么呢？因为网络世界太自由了，在宽泛的法律范围内想做什么就做什么。这样导致很多人在虚拟和现实当中矛盾着，每天在这个矛盾的过程中反复冲突，给心理造成一种无形的压力，让思维很混乱，长此以往，就会很焦躁、不安，开始事事抱怨，严重的可能会导致出现心理问题，这是一个非常严重的后果。

引导学生正确对待产生抱怨的环境，就要教会学生在现实中寻找自我。

不要因家庭的经济条件差而抱怨，这不是一种错误，和父母、亲人相聚那是一种缘分；不要因自己的相貌平平而抱怨，这不是一种悲哀，是上天赐予你的独有美丽；不要因自己的生活坎坷不平而抱怨，它不是折磨你，而是磨炼你的意志。当你不再抱怨周围的人、事、物，不再哀叹自己的不如意，对一切坦然看待，这样的你一定在向前迈进，你的意志也一定会在阻碍中崛起，这时的快乐与成功离你只有一步之遥。

法国著名文学家诺贝尔文学奖得主罗曼·罗兰讲：“只有把抱怨环境的心情，化为上进的力量，才是成功的保证。”作为新时代的大学生，应该思考怎么去丰富自己，而不是夜里打游戏，上课睡大觉，闲时谈恋爱，吸烟饮酒，浑浑噩噩，去追求更高的精神层次吧，不要总是向往网络中虚拟的自由，要在现实当中寻找制度规范之下的自由。这样，你既能够很好地适应制度，也能很好地掌控自己的自由，你才会游刃有余，你才会做得更加轻松、更加自然、更加快乐！

7 谈适应：大学里你要学会的还有更多

漫步校园的你，作为新时代的大学生，是幸运而富有的。因为我们有太多的时间与精力，这便是我们的青春。青春是一条河流，它只是一味地向前奔腾而不回头，所以青春是有限的。只争朝夕，把握住这短暂的青春，去学无穷的知识吧！

学会尝试。进入一个陌生的环境，你身边换了一些面孔，你会感受到更多人间冷暖，体会到更多人生百态，领会到更多为人处世的真谛。这些都是你需要面对的，不要因为陌生而退却，大胆地走出这一步吧，走出已有的惯性思维，不要让自己孤独，去真正地体会不同的人群给你带来的成长阅历。

学会沟通。很多时候，人与人之间的误会和所谓的矛盾，都是因为没有好好地沟通。只有你打开心灵的窗户与人沟通，才会走进别人的世界；只有你打开心灵的窗户与人沟通，才会闻到迷人的花香，听到悦耳的鸟鸣；只有你打开心灵的窗户与人沟通，才会发现外面的世界原来这么美好。试着与父母沟通，也许你吵闹了半天都没有得到的礼物就会轻易到手；试着与朋友沟通，也许那僵持了许久的关系会在两人的微笑中迅速缓和下来；试着与老师沟通，也许困扰了你很长时间的问题会很好地得到解决。

学会适应。我们总在讲适应，上高中要适应高中环境，上大学要适应大学环境，工作后要适应社会环境。为什么要适应呢？原因很简单，只有适应了环境你才更能游刃有余，更加快乐。种子适应了泥土才能生根发芽，飞鸟适应了气流才能翱翔于蓝天，人不能一味我行我素，必须敢于面对现实，学会适应一切。两只老虎，在不同的生存环境，那它们的生活方式就截然不同。如果是在野外，只有学会独立，学会捕食，才能生存，并拥有自由。如果是被关在笼子里，就要放弃对自由的追求，耐心地等待投放的食物，并拥有无忧无虑的生活。适者生存。

学会应对。面对不同的人，发生分歧时，请记住要理解这样的不同，学会沟通、学会适应、学会包容，学会让自己接受不一样的观点。不要怕受伤、不要怕不同、不要怕改变，勇敢地去面对吧！我们都需要在变化中成长，如果你拒绝了变化，你就拒绝了新的美丽和新的机遇。

8 谈理解：理解，是打开心锁的金钥匙

新生开学后，各个班的班委会陆续成立，一部分学生担任班级干部，担负起老师助手、班级管理者、学生服务者的角色，成了焦点。

要担好角色赋予的职责，就要快速地进入角色，但进入角色是需要过程的。每个人做事情一定是有快和慢之分的，快的不必多讲，自然很多人会很满意，而慢的就会导致有不满意的声音出现，对你这个角色的工作不是十分理解。比如说：因为某一个人工作慢，考虑得不周到，某一件事情通知得晚

了，或者是有部分同学没被通知到，这样就会有抱怨。作为干部而没有做好，你应该接受意见，提意见的人也要给新人一点理解，毕竟新干部还没有完全进入角色，给他点时间吧！

我们姑且不说抱怨者是对是错，也不说干部工作做得细致还是粗糙，只说一种现在普遍的现象，干部和普通学生都会遇到，也都曾有过。当出现错误或者失误的时候，往往都会找借口来推卸责任，或将错误归为是环境所致，或是人为造成的，这样的案例很多。相反，如果每个人都从自身开始找原因，很好地规避这样的失误和错误，那还需要别人告诉你什么是应该，还是不应该吗？

学生干部在担任这个角色的时候，就要理解好这个角色的任务是什么，一定要去研究它，抓住关键，你才能够当好这个角色。既然我们已经走到了舞台中央，为什么不把角色扮演好呢？要想做得完美些，不懂怎么办？不懂就学呀，你身边一定有更出色的人，让你去效仿，让你去探究，网络上的小短文，就是让你从中得到一些体会，一些触动，让你做得更加优秀。虽然每个人的悟性不一样，但是一定要清楚，当你深深知道自己的责任和义务的时候，你就会主动地投入其中，把你所要做的工作都做得圆满。

每个人都抱怨过生活或者某一个人，当你抱怨的时候，是把自己往一个错误的方向去引导，无论是普通同学，还是班级里面的干部。有的人会抱怨干部不行，有的干部抱怨普通学生不配合，我们可以思考一下，当这种问题出现时，同学之间尝试过理解对方的处境吗？彼此平心静气地沟通过吗？配合与管理之间，是可以相互转换的。每一名同学只有把这个问题理解了，你才能把这些事情处理得合理与顺畅。因此，班集体的每一位成员，只有互相支持，互相体谅，互相理解，才能让这个团队变得更加团结。如果只去挑剔而没有去付出，那你永远也无法融入这个集体里面，随着时间的推移，慢慢地你就会被边缘化，被隔离，谁会想这样呢？

奥斯卡最佳影片《绿皮书》描述了20世纪60年代的美国，黑人和白人之间对彼此文化的不理解、不兼容，也是讲当时美国的社会问题。一个白人给黑人当司机，在白人至上的时代，这个是绝对不被接受的，用剧中一句话讲："以往都是这样的。"多么可怕的一句话呀，我们有多少人依旧用"以往都是这样"的固化思维，来指导着自己的处事规则呢？"转变"二字在电影中表现得淋漓尽致，两个人旅途中通过相互交流，思想发生了碰撞，对彼此的文化有了更深层次的解读，理解了各自的生活模式，建立了超越种族的友谊，这种跨越不正是我们需要的吗？

所有事情归根结底就是一句话：相互理解，相互包容，相互支持，我们才能够把事情做得更加完善和顺利。对别人多一些宽容和理解，就是对自己多一点鼓励和释然。当你无休止地挑剔别人的时候，你自己也会深陷于矛盾之中。尽量对别人多一些理解吧！放过自己，也成全了他人。

9 谈叮嘱：写给我 2020 级全体学生

白驹过隙，时光如梭，两年的校园学习生活已经接近了尾声。在此，作为你们的书记，作为你们行动上的监督者和思想上的引领者，感谢大家两年来对系里各个方面工作的支持和理解；感谢大家在疫情期间能够积极主动地配合学院和系里的管理；更感谢两年间对我个人工作的支持、理解和帮助。伴着建党百年的隆隆礼炮声，我们离开校园、走上实习岗位的时间也越来越近了。不论你是到自己的专业岗位上进行跟岗实训，还是走入军营、投笔从戎保卫祖国，还是自主创业、做时代的弄潮儿，终归都是各自人生的选择。现在是你们站在人生的十字路口上决定选择和追求的时刻，作为你们的书记和师长有些话需要提醒大家。

首先，我们仍然是在校学生。同学们要清楚，在下一年的 7 月以前进行的跟岗实习、军营历练和自主创业对于现在的你们来讲，都只是在“实习岗位”上的一种体验而已，都是要计入成绩考核的，是有学分的，你还没有圆满完成学业。在没有取得毕业证之前，你仍然是一名不折不扣的大学生，你的一举一动、一言一行都代表着学院，代表着自己的集体，所以，我们要慎重对待学生身份，要保护好我们的果实，并对自己的荣誉负责。修身自律、笃行好学，明礼仪、重道德、精技能是对我们自己的一种鼓励和鞭策；人人做园林，园林育人人，这是园林系对每一个学生成长的承诺；做文明大学生，建大美园林系，更是对我们大美园林学子精神的诠释。我们能否做到这些，动力源于自己，外力只是推动。所谓种瓜得瓜，种豆得豆，这种因果关系的形成是你自身的一种循环，而不在于其他人的给予。

我曾跨过山和大海，
也穿过人山人海。
我曾经拥有着一切，
转眼都飘散如烟。
我曾经失落失望失掉所有方向，
直到发现只有读书，
会给我翅膀飞跃高山和海洋！

老尤
图说思政

其次，我们羽翼还未丰满。要提醒大家的是，当我们满怀憧憬与希望走入社会大舞台的时候，我们一定要精练技能，让自己多几张“护身符”，多几把闯荡社会江湖的“宝刀”，这样才能保证我们一路走得安全，走得平稳。有乐观、拼搏、向上的精神，你就会收获更多乐观向上的朋友；当你笃定前行、不负韶华的时候，你就会收获得更多。面向阳光，阴影永远在背后；背对阳光，看见的永远都是阴暗。所以，走到社会上之后，和什么样的朋友相交，你要慎之又慎。毕竟社会不是学校，每个人是怀着审视的态度在看你，而不像老师，即使每天都叨叨叨，目的也只是让你更加健康、更加努力地成长。在社会的课堂上，教你的只有血的教训和痛定思痛后的悔悟。那时再没有老师一遍、两遍、三遍的嘱咐，有的可能只是制度、利益和教训。

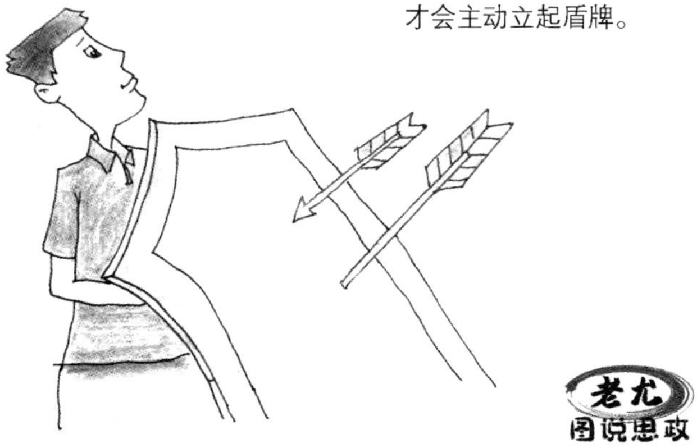

最后，我们要学会保护自己。我们今日既然没有更多的社会阅历去品悟社会，那就认真地读，慢慢地读一读人生，你就会品出其中的道理，也会分清善恶、美丑。不要过早地陷于人情世故，别为虚荣而改变了自己人生的价值观，也不要因为自身的缺陷而沉沦，不要想着人生有捷径，因为每一条路都需要你一步一个脚印地去完成。取巧耍滑，最后跌倒的只有你自己，蹭破的也只有你自己的身躯。遇到不懂的事情多与老师、多与家长、多与亲人沟通，因为这些人无论对你是约束还是批评，终归都是最关心你的人，也是最无私帮助你的人。抛开亲情，没有无缘无故的爱，所以，我们要慎重，不要把施舍当成善良的给予。只有自己强，你才能够站稳脚跟；

只有自己努力前行，才能接近前方目标；只有自己选择正确了，才能找对前进的方向。

在校的大学时光屈指可数了，论天数也罢，论周数也好，终归没有月可言了。所以，我们要珍惜现在的时光，不要在推杯换盏之间去总结、结束你的大学时光，更不要在翻墙跳跃的过程当中体会校外的生活乐趣，因为这些事情在 10 天或者 20 天之后，你有大把的时间去体验，既没有约束也没有要求，更没有处分。

人生有很多个两年，但是这两年可能是你人生当中最值得记忆的时刻，珍惜它吧！

劝学篇

1 谈学习：同学，学习对于你可不仅仅是“任务”

开学了，进行了一次各班级学生成绩汇总核查，出现了个别同学学分不够的问题，和系里的老师交流了一下，对学生的学习态度与老师的教学方法有了更深层次的再认识，抛开“教”的环节，我想和同学们说说“学”的问题。

很想问问：不能够很好投入在校学习环节的同学，你来到校园的使命是什么呢？是努力求得未知，让自己羽翼丰满？还是浑水摸鱼，让自己巧取一张毕业证书？对于两眼一睁混到熄灯的学生，我想说：父母把你送到校园里，难道是让你无休止地耗费大学时光？你压根儿就没有想过要感恩父母的付出，你喝下的啤酒、抽的香烟、涂的口红，是花的父母血汗钱吧，但你为什么挥霍起来就那么理直气壮呢？

学习能铸魂立根。印度诗人泰戈尔说："命运的主宰者是自己，而自己的主宰者是意识。对我们有价值的，并不是在学校念过书的事实，而是求学的态度。学，可以立志；学，可以成才；学，永远不能停止。"因为只有学习，才能使你的人生更深刻；只有学习才能使你对这个世界看得更完整；只有不断学习，才能提升自己的价值。你的世界不仅只是一个班级的天地，而是校园外的更大的社会，没有了进取心、求知欲，你可能会成为尘埃，随风飘荡。

学习能优化自我。学习会增加身心的力量，会提升自己，让自己可以担当。人要学习的东西实在太多太多，文化要学，做事要学，做人更要学。生活中各种各样大事小情非学不可。成人前要学，成人后要学，到了中老年还得学，学无止境。因此，学习成了人生最重要也最日常的事情，它能挖掘人的生命潜力，能发挥人的聪明才智，能体现人的生存价值，是人穷其一生追求的事情。

学习不可敬而远之。学习能够使人获得文化知识，掌握必要的生活技能，摆脱蒙昧无知的围困，提高品位和素质，帮人走出艰难求生的低谷，踏上有所作为的光明坦途。使人不至成为家庭和社会的包袱和累赘，让生命在知识的熔炉中得到优化和升华，使其自身充分发挥出最大潜力和功用。畏难者要么望而生畏、避而远之，要么蜻蜓点水、半途而废。在校园里如此混沌度日有什么意义呢?

学习的动力源自内心。内心的动力就是勤奋、诚实、刻苦、坚忍、用功，这个动力是通向成功大门的唯一钥匙。这个动力可以使你的身心得到平衡，可以使你从中了解外面的世界，了解人与人之间的人际关系、交际潜力。主动学习会让你体会到它的快乐而不再痛苦，会让你的命运掌握在自己的手中并能够更加合理地去运用它、认识它，学习就是你的人生道路上最好的搭档。

世上唯有学习才能让自己从中更好地发现自我、了解自我、认知自我，并不断地超越自我。学习不仅仅是“任务”，还是新时代青年的使命，更是对父母养育之恩的回馈与延续。珍惜校园时光，哪怕每天走一步，你也会越来越接近目标。

2 谈求学：求学，是一个不断积累的过程

本学期因为受到疫情的影响，课程都采取了网络授课形式进行，一个半月过去了，陆续发现有个别学生旷课，系里也给出了预警。为什么网络覆盖

百分之百，网课随时随地都可以进行的时代，还要旷课呢？答案不难找，网课没有了面对面的监督，自己就放松了，没人推一把，就原地不动。这种情况说明部分同学目标不明，自律意识不强。

很多学生问我，学习学什么呀？没有这个习惯该怎么学呀？很多时候我都不会直接给出答案，学校教育是获得知识的过程，学生通过阅读、听讲、研究、观察、理解、探索、实验、实践等各种手段获得知识或技能，使自己的情感与价值观得到改善和升华。你采用了任何一种手段都是在求学，都是在让自己强大起来。

在校求学，有的同学已经顺利完成了在校的学习生涯，顺利毕业。但

还有一些同学现在还在画问号，还在上课与不上课之间纠结，还在寻找“我来学校干什么”这种问题的答案，是不是刚刚增长的这一岁毫无意义呢？求学求的是成长，求的是进步，求的是通达，以前我写过关于成长方面的“谈谈”短文，有时间可以再到公众号上看一看。

在校求学，我们在学习专业知识上怎么求呢？那一定是把课堂的时间充分地利用好，静心地听老师讲课，课后多复习、多思考、多巩固，这样一个良性的循环，我们才能够求到知识，如果你进到课堂睡大觉，离开课堂打游戏，那你求的是什么呢？这样的状态你又能求到什么呢？

在校求学，你要求一技之长。那我们怎么来判定哪项技能适合自己？答

案就是你想将来定位的生存资本是什么就去学什么，不要迷惘。我们可以非常宽泛地讲：学园林的，你要懂得树木、花卉生长的整个流程，从培育到栽植到养护，再到销售，各个环节你都应该懂；学园林工程、风景设计的，你该知道怎么设计，怎么把苗圃里面的植物“移”到你的图纸方案里；学环艺的，你的软件用得怎么样，你对基础构成设计理念研究得怎么样，这都是你求的一个目标和方向。在求知上下功夫是很重要的，利用一切可以学习的平台，让自己提高，让自己进步。

勤奋工作，
努力学习，
让青春更加光彩。

老尤
图说思政

在校求学，在生活素养上求什么呢？当学生干部的要摒弃官僚主义，摒弃拖沓，摒弃狐假虎威，摒弃自我炫耀；做普通学生的，少些抵触之意，多一些配合，互相尊重，摒弃一些不良习惯。大学这段人生时光，虽很短暂，但你一定要尽量求得“清白之年”，让我们真正地、纯粹地做一回学生，不要掺杂那么多私心杂念、尔虞我诈、阿谀奉承，为达目的变成一个精准的利己主义者，只有这样求得的才是纯净的大学生活。良好的生活习惯会让你变得精神抖擞，求学就是一股劲儿，就是一股气儿，就是一股精神，过程很重要。

在校求学，在心理上我们求什么？很多同学来到校园是背负着父母的期望、家人的嘱托而来的，也有为了友谊，为了感情携伴而来的。无论是哪一种原因，现在都不重要了，你来了就要安心地把学习进行到底，从心理上要接受这样的模式，一定要去关注学习、认可学习，这样的你才能够顺心顺意，这样你求什么都有动力，求什么都有目标。我说的有没有道理，同学们用时间去检验它吧！

在校求学，能够回归常识，做到一个学生应该做的本分，那你未来可期、可盼、可实现。在校求学之路怎么走，完全在于自己的选择。昏天黑地，只想谈谈恋爱、喝喝大酒、打打游戏、上课睡大觉，这样的求学之路还能走得顺利，走得完吗？你还能获得你想获得的一切吗？那现在怎么办？就一句话：保持一个饥渴的求学状态，摒弃自己不良的习惯，远离侵害身心的环境。努力使自己成为一名合格的大学生，成为一个高素质技术技能人才，成为一个对社会有用的人。

3 谈为学：学习，让自己更加充实

这几天，陆续有三年级学生返校送协议，顺便感受阔别已久的校园氛围，看看自己的老师，我心甚慰。交谈中很多人谈到学习，后悔在校期间没有好好学习。倾听他们说话时，我也在回想我的大学时代，好像也没有好好珍惜学习时间，浪费了很多时光。想起一篇文章，很是值得与人共勉。《为学一首示子侄》，收录于《白鹤堂文集》，为清代彭端淑作品，是他写给自己家族小辈的劝学之作，开头几句话就很好，原文是："天下事有难易乎？为之，则难者亦易矣；不为，则易者亦难矣。人之为学有难易乎？学之，则难者亦易矣；不学，则易者亦难矣。"意思是：天下的事情有困难和容易的区别吗？如果做，那么困难的事情也容易了；如果不做，那么容易的事情也困难了。人们做学问有困难和容易的区别吗？只要学习，那么困难的也容易了；不学习，那么容易的也困难了。

我经常和学生讲，学习学什么？就是要学会如何去学习。学会了学习的思路与方法，还会怕遇到这样那样的问题吗？主动地去了解，主动地去获取，主动地去吸收，你还会找不到学习的方法吗？人为什么要学习？为什么从一出生就开始学习？第一次开口说话，第一次迈开腿走路，这些都是在学习中获得的。人类在不断的进化过程中发明了"学习"二字，掌握了学习的方法。和谁学，在哪儿学，学什么，这个时候就尤为重要，面向阳光就会永远抛弃阴影，学正能量，学一技之长，学生活所需的必要，这应该就是我们为学的目的吧。

学习是阳光，它可以驱散你心中的阴影，用自己的真诚和热情去换取无数更真诚热情的心；学习是雨露，它可以滋润你干枯的灵魂，令你那枯萎的心花重新绽放，让你的生命更为生机勃勃；学习是途径，成功不会自己找上门来，而需要你去找它。选择成功的同时，也就选择了磨难。在历经一次又一次磨砺的同时，也一次又一次地学习。孟子讲：“天将降大任于是人也，必先苦其心志，劳其筋骨，饿其体肤，空乏其身……”磨砺到了也就到达成功的彼岸了。学习不仅是教会我们知识，更多的是让我们有了一种奋斗的精神。为理想而学，为生活而学，为成功而学，为不枉此生而学，也正是学习，让我们有了奋斗的资本。

生命有限，而学海无涯。我们成为怎样的人，取决于我们所学到的东西。南宋大诗人陆游一首《冬夜读书示子聿》写道："古人学问无遗力，少壮工夫老始成。纸上得来终觉浅，绝知此事要躬行。"意思是：古人做学问是不遗余力的，往往要到老年才取得成就；从书本上得来的知识，毕竟是不够完善的，如果想要深入理解其中的道理，必须要亲自实践才行。古人尚且知道此道理，我们又进化了几百年，还不如古人吗？有些同学学习态度不端正，晚上不睡，上课睡，上课听不进，下课打游戏，你不能把学习当作一种任务去完成啊。学习不等于能力，学习必须转化成能力才能体现出其价值，就像一个人吃下食物不等于增强体质，而需要吸收才可能增强体质一样，只有把学习同实践相结合，产生效果，才能体现能力。

我们只有立下了目标，努力去实现，才会获得成功，路在脚下，未来任重而道远。

4 谈大学：大学里除了课堂还要想得更多

高中阶段，无论是普通高中的紧张节奏，还是职业高中的适当宽松，我们经过三年的磨砺，终归跨过了那个门槛，进入了大学校园。进入大学后很多人会有一种错觉，大学阶段就是放松，就是自由，就是无限地畅想，就不需要书山题海了。这样的心声我也听到很多，来到校园很多人都对自己的学校失望，不断堆积的作业，一日规范的要求，早操、自习，请假要报备等，让他们心中产生无数个问号，这是大学吗？

那大学又是什么样子呢？恐怕你自己对这个答案都不明确。索性就不要寻找答案了，换个角度探讨一下，大学里除了有高质量的课堂，还有什么是你应该追求的呢？这个问题，恰恰是步入大学的你需要认真思考的。大学里的宽松，是思想的宽松，绝不是行为的放纵，且应该进一步提升约束力。这个约束不再是要求你埋头苦读，而是要在社交上明礼仪，在修身上重道德，在学习上精技能。这个约束是大学与高中本质上的区别，原因何在？因为当你从校园走出去，踏入的就是茫茫“江湖”。

身处大学校园的你，应该怎样提高自己，才能更好地面对这茫茫“江湖”呢？很多人都不太理解，学生除了学习还能做什么，怎么去丰富自己、完善自己。这个问题很少有人去探究，只是凭着感觉走，做一天学生，上一天课，这是很可怕的，因为时间在流逝，你也在慢慢“变老”。正如朱自清写的那样，“洗手的时候，日子从水盆里过去了；吃饭的时候，日子从饭碗里过去了，默默时，便从凝然的双眼前过去了，我觉察他去得匆匆了……”回首过往时别让自己感叹，时间都去哪儿了？

身处大学校园的你，是有梦想、有追求的人，不要因为路途艰辛就停止了前进的脚步。追寻梦想的过程是苦涩的，但只有经过磨砺的人生才会拥有更多内涵。不要让不安的心被浮躁占据，而应展开灵魂的翅膀在校园里汲取知识，与不同类型的人群交流学会更好地为人处世。一种精神坚持很难，放弃却很容易。大学里要思考我将来要做什么，为了实现将来的目标我应该怎么做，我要通过什么样的平台来达到这样的目标。这些不仅仅局限于你的课堂，也需要你在课堂之外，寻找适合自己的平台来充实自己。

身处大学校园的你，已经处在一个充满才华、学问，同时充满竞争、挑战的小社会舞台里。在这个舞台上，每个人都扮演着不同的角色，努力将自己的角色扮演到最好，努力做到乐观、用心，而不是盲目、冲动，大胆而不肆意妄为，敢想而不空想。积极参加班级委员会的竞聘，参加学生会的竞聘，参加管理组织的竞聘，在这些团体中，你会得到很好的锻炼，身处其中不是简单的行为规范约束，也不仅仅是一种精神上的磨砺与淬炼，而是两种结合，是对你行为规范的提升，是对你精神世界的充实，是对你人生思考的催化，让你能够更好地提升自我。

身处大学校园的你，把握住青春、锻炼自己吧！在组织管理中检验你睿智的头脑；在活动开展中留下你忙碌的身影；在文体活动中展现你靓丽的风采；在志愿服务中奉献你的一份力量。在大学里你得到的不仅仅是知识，更是一份人生中最宝贵的财富。

当你离开大学校园时，把经历风吹雨打的每一天、把跌倒和踉跄的每一天、把开心与收获的每一天，细心地整理好，这时你能从容地说：“大学给了我很多！”

5 谈追求：追求，是驱赶你前行的鞭子

在校学生准备离校去实习了，他们的神情里透露出一丝兴奋，但也透露出一丝迷惘、一丝忐忑，但我相信他们通过校园的锤炼，在追求梦想的路上定会越走越坚定。彼此不需要太多的客套话送别，因为你们只是暂别，我就说说我们的追求吧！

我们来到大学校园，可能开始我们是迷惘的；可能过程我们是混沌的；可能离开也是匆忙的。但当你走出校门，踏上远行的列车时，你的生活目标就会逐渐清晰，因为你要真正去追求你的人生梦想了，当你真正敢于追求梦想、不惧路途中的任何挑战时，你的勇敢才会真实地出现在你的生命里。

追求，是自己努力的见证者。想证明自己，就要勇敢地追求，不仅要明确心中的目标，而且要有不惧艰险的勇气，倘若你只是有着梦想，而在严酷挑战面前颤抖、停滞不前，那么，一切的梦想都只是空想。

追求，是伴随你终生的原力。虽然触摸不到它的存在，但它却深藏在每个人的精神里，激发着每一个人的斗志，也正是它让你在迈向成功的路上，多了一种坚不可摧的信念。为什么要前进，因为有追求；为什么要成功，因为心中怀有梦想。敢于追求，才能不惧千山万险；敢于追求，才能无人可挡；敢于追求，梦想才会成真！

追求，是青春奋进的标志。在我们成长的路途上，我们有时会彷徨，有时会遥望远方，有时会哀叹变迁，不知自己梦想在何方。但我们一路走来却依旧阳光，因为我们敢于追求，敢于变化；因为尝过失败而变得风雨无阻；因为含过泪水而变得更加宠辱不惊。敢于追求，才是勇敢的标志；敢于追求，人生才有归处；敢于追求，才会有精彩的人生！

追求，是你人生的脊梁，没有它，你的生活就是一堆散乱的瓦砾；追求，是滔滔大江的身躯，没有它，你的人生就只有一个泛滥的波浪；追求，是你行动的号令，没有它，你就只有原地呆呆仰望星空的木讷。

追求你的梦想吧，即使困苦让你夜晚哭湿了枕头，清晨的阳光会让它变得干爽；追求你的梦想吧，即使你筋疲力尽摔倒在前行的坎坷中，微风依旧会来亲吻你的面庞；追求你的梦想吧，即使滚滚的黑云掩盖了光明，心中的希望依旧会为你点燃照亮心灵的火把。

所以，只有启程才会到达理想的目的地；只有拼搏才会获得真正的成功；只有追求才会品味辉煌多彩的人生。

6 {谈疫情：疫情之下的校园，给你知识更给你成长记忆

“最长假期”，这个是所有大小学生的共同感觉，长长的假期，让我们突然间增加了对校园的无限热爱与向往。“快开学吧，我都要憋疯了。”“快开学吧，我想2号档口的麻辣烫了。”“快开学吧，再躺我就要瘫痪了。”这样的朋友圈很多同学也都发过吧。假期太长了，长到妈妈从无限的关心发展到“厌恶”你的满屋乱窜；长到不怎么说话的父亲都时不时抛来“鄙视”的眼神；长到自己都怀疑为什么平时会找那么多借口请假回家。

在校园里，我们曾经厌烦过“三点一线”的日常生活，幻想着什么时候可以毕业、仗剑走天涯的美好；我们也曾抵触过早操晨检，叫嚷着为什么不能让我好好地睡到自然醒，为什么不能自由一点；我们也曾讨厌过学生干部

检查时的严格与苛刻；我们也曾抱怨过辅导员的严格要求。林林总总，我们曾经的不喜欢，都在这个漫长的假期中变得那么有趣味。

草树知春不久归，百般红紫斗芳菲。校园里黄色的迎春花已经开了，粉红色的小桃红也开了，洁白的玉兰也含羞欲开了，等待着它们的伙伴回来感受孕育希望的春天。现在我们已经回到了校园，你还会抱怨每天的早操与晨检吗？会不会发现大家没化妆的模样也很自然；你还会抱怨日常的检查与督导吗？是不是也会发现原来做好自己分内事其实很容易；你还会把老师的嘱咐当作唠叨吗？是不是也会发现原来关心你的人都是出于真心的。

晨起的锻炼让自己有一个好的作息习惯，不再用游戏伴随自己跨越每一天的半夜十二点，经历过疫情，我们明白身体健康才是最好的盾牌，规矩、

规范就是修剪我们枝蔓的剪刀，让我们在大学校园里得以长成参天大树。没有老师的谆谆教诲我们又怎么能做到“工欲善其事，必先利其器”，人的一生能遇到一个好老师，是自己的幸运。

不论你从哪里来，进入校园我们就想让你成长，让你成熟，让你成功，我们曾经是陌生人，因为校园，我们最后变成了朋友。

逝者如斯夫，不舍昼夜。我们都会离开这红墙绿树的校园，踏上离别的列车时，你的行囊里装满的是收获还是迷惘；脚步里走出的是坚实还是彷徨；目光里闪耀的是希望憧憬还是落寞感伤。百年老校，留下的依旧是书声琅琅、人影婆娑、笑语欢声，相信离别的人始终会留恋。

我们不敢与圣人并举，但我们一定要做一个聪明人，不要怨天尤人，也不要抱怨没有爱你的人，更不要抵触、推开帮助你的人。疫情让我们看清了，家是避风的港湾，它可以任你随性而不厌烦；校园是梦想铸就的地方，有伴你天涯的技能，有清白的友谊，有扶你启程的师长；国家是我们安康的保障，有党的坚强领导，有制度的卓越优势，有中国梦。

7 谈拷问：你的大学生活为何能如此“潇洒”

什么时候，我们丢失了勤俭与感恩。作为青年学子应有担当、有使命、有感恩之情，但总有那么一小部分人理解不了其中深意，花钱如流水，花钱的时候好像钱都是无缘无故飘到他的口袋里，不花掉都是一种负担。走进宿舍楼的时候会买一包连老爸都舍不得抽的烟，课余时会在柜台前挑上半天的化妆品，可妈妈用得最多的“化妆品”却是为你清洗碗筷的洗涤剂。自己爸妈的手机功能就是标配吧，它的价值不足我们一个月的生活费用，然而它最大的好处是在你需要的时候，它会告诉你爸爸妈妈在惦记着你。

什么时候，我们忘记了刻苦与勤奋。当你在网络游戏的世界里把时间推到 12 点，推到凌晨 1 点，而你是否忘记了明天还有一天的专业课程。当你期盼逃离校园，去享受外面灯红酒绿、吃喝玩乐的时候，是否想到了你的未来还是梦。当你逃出课堂跑回寝室，在床上蜗居沉睡的时候，是否想到未来生存的技能还没有掌握在你的手中。当你想方设法把酒言欢的时候，是否想过父母为你这顿酒钱，在工作岗位上忙碌奔波。当你违反纪律，受到处分的时候，你是否想到你的父母正在为了你的过错，谦卑地去维护着你的形象。当你午睡醒来用脚趾打开桌上电脑，拨通外卖电话的时候，你是否想过这台电脑，是父母用一个月的工资甚至是一年的收入买来的。

什么时候，我们忘记了期许与奋进。父母千辛万苦送你来到大学校园学习，而你却用大把的时间去享受社会里的“花花绿绿”、你侬我侬，贪心和懒惰会让你觉得所有的虚荣都是心安理得，你是否想过你还没有资本去享受它。当你想要获取生存技能的时候，便不再把现在的无知当作个性，只有将来具备了赚钱的能力，你才有机会让爸妈过上幸福的日子。

是时候想想了，我们的大学之路，既承载了我们个人学习的职责，也承载了家长、老师、亲朋好友的期盼。我们都是有梦想、有追求的人，不要因为路途艰辛就放慢了前进的脚步。追寻梦想的过程一定是苦涩的，但只有经过磨砺的人生才会拥有更多内涵。不要在浮躁下离开校园，而要架起灵魂的翅膀在校园里汲取知识；不要在贪念下溜出寝室，而要在更高层次的人群里学着更好地做人；不要在虚荣下称兄道弟，而要努力收获一本证书回馈父母二十年的含辛茹苦。

青春是一个充满魅力、充满诱惑的时代。

作为一名新时代大学生，我们都应乐观用心而不是盲目冲动，大胆而不肆意妄为，敢说敢想而不空想，深思探究而不乱想钻牛角尖。让我们把握青春，在大学的校园里锻炼自我吧！在组织活动中留下你活跃的身影，在社团活动中展现你最美的风采，在志愿活动中奉献你的一份力量，这样你才会潇洒地度过大学时光！

8 {谈学什么：谈刺激战场

某公司出了一款游戏，名曰：绝地求生，刺激战场。谈起游戏，很多人都会认为，游戏还要提倡，还要拿出来公开讲吗？游戏我不提倡，更不会做它的代言人。可以肯定地讲，可控的游戏就是单纯的娱乐与交友的媒介，失控的游戏会侵蚀你的精神，消耗你的肉体，窃取你的生命。经朋友推荐我也尝试了一段时间，游戏没有参透，但从中体会出一些道理，拿出来与每一个人分享一下。无论是孤胆英雄还是团队突击，作为一个单元、一个个体，每一个人都要清醒地认识到，想要实现终极目标，自我净化、自我完善、自我革新、自我提高这“四自我”就要得到充分体现。

自我审视。顾名思义，我们要清楚地知道自己处在什么位置，拥有什么，方向是什么，然后不断努力突破重重障碍，实现成功。我们作为年轻的学子，在求学的路上不也需要不断审视自己的勇气、坚定的信念、明确的目标吗？前进的路上会有很多荆棘与坎坷，你有勇气面对吗？前进的路上会有很多需要超越的对手，你有信念坚持吗？前进的路上会有很多十字路口，你有明确的方向吗？我们来自五湖四海，承载着家庭的期望，我们能“潇洒走一回”吗？经常审视自己，前路才会不畏险阻，斗志才会更加昂扬，学习才会脚踏实地。

自我适应。很多时候我们都会谈及，适应环境、适应制度、适应节奏，等等，但又有谁真正理解作为学生我们要适应什么？游戏中对环境的不适应就意味着牺牲。现实中我们都不会轻易牺牲，但如何让自己的学生时代更有内容、更有色彩、更有意义，这就需要我们不断地适应。有的同学经常抱怨，学校管得太严了，没必要，比高中还严格不适应；而有的同学感觉学校各方面井井有条，很好，就是想要的大学。对于抱怨的同学，有一个比喻可以参考：汽车行驶在马路上，很多司机都感觉开得很舒服，不明白为什么还有“路怒”。因为他们不守交通规则，就是不懂规则，强行加塞、并道、减速都可能是危险的制造者，这些危险的制造者不知道危险吗？他自己非常明白，但就是不想遵守公共规则，这和这些抱怨的同学很相似吧，你自己不守规则，总制造损害集体荣誉、破坏集体规则、无视集体制度的行为，又有谁能让你游离在制度之外呢？大思想家孟子讲：“人要有所不为，然后才能有所为。”复旦大学出了个网红教授陈果，她讲：“自由不是为所欲为，不是做那些欲望让你去做的事情，而是有所为，而有所不为。”

自我救赎。提及救赎好似很沉重，但我们很多学生没有跨入更高学府，不都是因为高中阶段精神上游离、行为上闲散、目标上的迷失吗？屈原《离骚》中讲：“路漫漫其修远兮，吾将上下而求索。”我们青年学子年华正好，每一天都是新的起点，路漫漫，我们没有失败，更不要谈及失败。我们任何人不是只能仰望苍穹，我们也可以站在高山之巅，去触摸夜空中最亮的那颗星星；我们不要只做在岸边数浪花的看客，要有勇气乘风破浪，做怒海争锋的强者；我们不要沉迷于网络游戏的世界，要有坚定的意志放下它，走出去，享受运动与阳光。不沉迷、合理用、消遣玩，你的时间就会酝酿出成功的果实。学生要时刻谨记学习知识、抓好学业才是本分。广大青年学子更要从现在做起，从自己做起，勤学、修德、明辨、笃实，努力在实现中国梦的伟大实践中创造自己的精彩人生，这也是我们青年学子的历史责任。

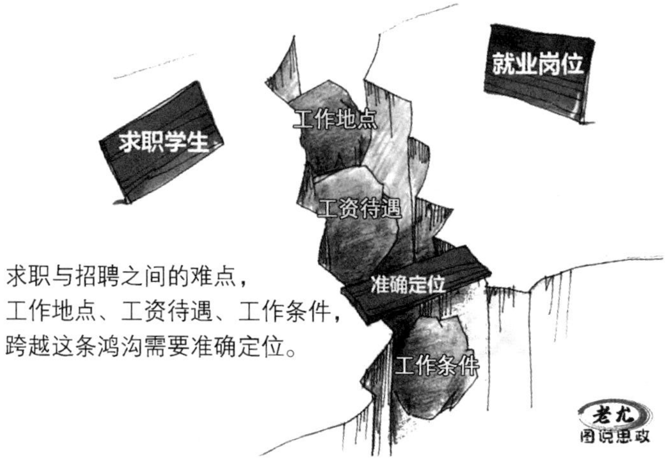

亲爱的学子们，压缩你打游戏、刷抖音的时间，走出房间感受阳光，强健体魄，努力做到明礼仪、重道德、精技能，你就会享受出彩的人生。

生活篇

1 谈寝室：寝室，让你变得更加成熟

学院曾经进行过一次大的调整，8 个院系 2018 级学生都要进行寝室搬迁。园林系 2018 级 130 名女同学，要从 6 人间搬到 4 人间。过程好似一个幸福的家庭要分家一样，有平静对待的，有默默伤感的，有大声疾呼、疯狂吐槽的，百态尽显。不要喧哗，安静下来吧，静心地想一想，这个过程我们有吐槽的意义吗？搬与不搬是学院在校近 6000 人的大动作，是不会以我们个人的喜好而转移的，我们的痛点归根结底就是，没有和自己认为合适的、亲密的、可互相依赖的人在一起。可我们已经不是稚嫩的小学生了，玩伴和心理依托不应该是我们追求的对象，我写过一篇短文叫《坚强，是你最好的伙伴》，有时间可以看一看。

不曾走过，怎会懂得校园给你的美好！ 老尤 图说思政

学会尝试。我们换一个角度考虑问题，如果我们现在实习了，毕业了，离校了，到一个新的环境去工作，有了新的室友，你会因为不适应而辞职吗？换一些人在你身边，你会感受到更多人间冷暖；会体会到更多人生百态；会领会到更多为人处世的真谛，这些岂不都是你要学习获得的吗？匆匆在校两载已过半数，难道我们要用更多的时间，去做没有结果的呼喊吗？难道你不想接触新的人并了解他们吗？大胆地走出这一步吧，走出已有的惯性思维，去真正地体会一下，不同的人群给你带来的成长阅历，学校里再有压力，还有未来的社会残酷吗？如果我们现在都不能很好地掌控自己的情绪和行走的方向，那么当你离开校园后，还会有自信的脚步吗？如果你现在不蜕变，新的环境会更加严酷地让你蜕变。

学会沟通。有很多时候，我们人与人之间的不解和所谓的矛盾，大多都是因为没有好好地沟通，或是怕麻烦、碍于颜面而没有坐下来好好聊一聊造成的，太多的小问题，会慢慢地发酵，变成一个无法挽回的大过错。在这些还没有发生前，我们为什么不去尝试沟通一下呢？为什么一上来就要抵触拒绝，为什么不去熟悉了解，为什么不能抛开偏见而变得和谐呢？你到底怕什么？条条大路通罗马，既然你的路途终究要变更，那就勇敢地再选几个同伴吧，因为无论你走哪条路，都需要几个同行的伙伴，这样你的旅途才不会寂寞。

学会适应。我们总在讲适应，上高中要适应高中环境，上大学要适应大学环境，工作后要适应岗位环境，为什么要适应呢？原因很简单，只有适应了环境你才能更游刃有余，更加快乐。种子适应了泥土才能生根发芽，飞鸟适应了气流才能翱翔于蓝天。日本著名作家宫崎骏讲：“可怕的是活在此刻太久了，人会变得麻木，有时忘记了来时的道路。也不是说这样就不好，可能是没有太多人会适应想象里的生活吧。”面对大学室友时，你需要做的不是斤斤计较谁的过去如何，而应该在意他的未来与你如何地交集。试着在自己的内心为这样的相遇，留一点空间，虽然这并不一定代表你有多喜欢，但可以让你自己选择，接受各种各样的人和各种各样的事。与其抱怨不如脚踏实地把自己的事情做好。

学会应对。再次面对不同的人，在遇到矛盾时，请记住要理解这样的不同，学会沟通、学会适应、学会包容，学会让自己接受不一样的观点，不要怕“受伤”，不要怕不同，不要怕改变，勇敢地去面对吧。成长是自己给自己的答案，成熟是自己给自己的嘉奖，成功是自己对自己的赞许，我们都需要在变化中成长，如果你拒绝了变化，你就拒绝了新的美丽和新的机遇。

2 谈争执：争执会让你失去得更多

从一个案例说起：两个学生一个是班干部，一个是班里普通同学，因为班级集体活动安排存在分歧彼此之间发生争执，起因都是想把事情做好，一个简单了点，一个冲动了些，结果自然不会愉快，两个人事后都认识到冲突的结果太不值。为不值得的事耗费时间与精力，我想这就是年轻人成长的记录吧！

事后思考，对于年轻学子来讲，争执的目的是什么？你想要达到什么程度？最后能给你带来什么？这是要思考的一个问题。理论上讲，争执是人与人之间的利益受到侵害或双方观点不一而引发的一系列冲突。从古至今，矛盾争执从未停止，小到个人间的恩怨，大到国家间的战争。在我们身边争执每天也都有发生，轻则口头争辩或辱骂，重则大打出手，甚至有时还会危及生命安全，争执后细想想都值得吗？

想一想，大部分争执的发生，起初都是因为一些微不足道的小事，既然是小事，那又有什么可争执的呢？争执到最后，总会有一方认为自己是胜利的、是成功的。可细想真的是胜利的吗？失去那么多，只为了换取一种心理上的满足，真的有意义吗？从争执发生的那一刻开始，双方就已注定都是受害者，那争执又有何意义呢？包容不代表懦弱，大度才会有担当。在发生争执前，先延迟一秒，想一想，这次争执有什么意义，如果想不出，那又有什么可争执的呢？一念之差，差之千里。

想一想，我们日常生活中也一样，每个人避免不了与别人发生争执，但是在发生争执之前你能不能冷静地思考一下，或者，在发生争执之前延迟一秒、两秒或三秒，那争执还可能发生吗？我想这是对自己最好的保护。学校食堂门口有一个宣传标语：“不要打架，打输住院，打赢坐牢”，字句虽然简短，但很是明了。延伸说一下，就是打赢你要付出经济代价，你要付出自由代价，你要让所有关爱你的人痛苦，你的亲人、你的父母都来帮你处理，因为你承担不了结果。打输的你躺在医院里忍受伤痛的折磨，又值得吗？一个人在铁笼里面，一个人在医院病床上，这时候去想一想，争执给你带来了什么，是带来阳光雨露？还是灰暗无尽的伏地魔？

想一想，很多事情在思考之后你再去做，会更加游刃有余。我在公众号的短文里面写过关于思考的内容，可以去看看。你要学会思考，要不然人和动物有什么区别呢？要时刻记住修养才是你真正的颜面，很好地去规范自己的行为吧，每天做好学生应该做的事情，在所有事情发生之前，让自己冷静一秒、两秒或者三秒，你会有时间、有分寸、有余力地化解大多数危机事件。

想一想，生活中很多事情都是这样的，就像我们开车行驶在道路上一样，车祸往往就在那一刹那发生了，原因一定是有一方是不守规矩的，或是有一方注意力不集中，所以才发生了惨剧。你如何规划你的人生之路，是“平安无事”，还是“车祸连连”，需要每个人自己去思考、去总结，这就是成长需要的积淀。我们都想顺利地毕业，顺利地找到一份好的工作，将来顺利地让自己提升，你为这个目标而努力过了吗？你做了什么样的努力？这个是很关键的。

想一想，争执是完全可以避免的。只要我们之间多一分宽容，多一分理解，还会有那么多争执发生吗？从每次的争执中吸取教训，避免再发生类似的悲剧，才是经历的真正意义，才是自己成熟的标志，才能创造文明和谐的校园。

3 谈武斗：谈，恋爱中的“武斗”

今天上班打开微信，习惯性地点开时代楷模曲建武老师的“仍然在路上”，看到一篇《孩子，你大可不必这样》的文章，感触颇深，也想写点什么给自己的学生看一看。

在现今大学校园里，我们时常看到的不是手里捧着书本的男男女女，取而代之的是一对对牵手的情侣，这些现象在大学校园里并不少见，恋爱是大学生宿舍“卧谈会”中的热门内容。我们每个人对大学生谈恋爱的看法都各不相同，恋爱是最让大学生心醉与神往的，同时也是大学生最大的“烦恼源”。我们应该怎样正确地对待恋爱呢？这应该是我们在进行一段美好的恋爱前好好思索的问题。

恋爱，对于年轻人是美好的，大学生更应该理智地对待这一问题。世界万物都有它的两面性，对我们年轻的学子来讲，校园爱情让你享受了年轻、美丽、浪漫和激情，但也有可能让你面对诱惑、冲动、伤害和忏悔。作为学生思想的教育者，作为学生行为的规范者，作为在学校能正确帮助你的老师，我想谈一下我是怎么认识冲动、诱惑、伤害和忏悔的。

我们每一个进入校园的学子，走到现在都不是轻松容易的，你的生命就是你家庭的全部，你的青春阳光就是你亲人的全部，你的勤奋拼搏就是你自己的全部。每一个人都有青春的萌动，对自己喜欢的人会一往情深，会无法自拔。但如果你的恋人不再爱你甚至喜欢了其他人，还有必要苦苦思念吗？你还有必要苦苦追寻吗？还有必要折磨自己吗？如果还固执地坚持，很多时候则不是真正的爱，更多的是自己深藏于内心的占有欲，或迫于颜面的驱使、美丽外貌的诱惑等。真正的爱应该是尊重对方的选择，让所爱的人更加幸福，而不是一味地占有。

我做学生管理工作已经 21 年了，经历过很多在感情方面因为冲动造成伤害的事件，女同学抑郁、自残，男同学酗酒、斗殴，等等，我们细细想想你所为之付出代价的人，真的是你一生的唯一吗？所有的案例无一例外，经过时间的洗礼与沉淀后，当事人没有不后悔当时的冲动行为的。抑郁退学的、斗殴伤人拘留赔款的、蓄意伤人致残获刑的……来处理事件的家长哪一个不是欲哭无泪，无奈地为自己孩子的冲动“买单”。这些都是惨痛渗血的教训，对于一个个体、一个家庭、一个家族几代人都会有挥之不去的阴影，值吗？

青年学子们，你们人生的路还很长很长，大学只是你们人生的一个开始，在你们还没有真正成为一个有责任担当的完整个体之前，请收起自私与贪恋，静下心来，回归自我，回归课堂，回归专业，明礼仪、重道德、精技能，修身自律，努力让自己成为鲜艳的花朵，芬芳四溢，努力让自己成为参天大树，高大挺拔。

美好的爱情，不仅仅限于大学时代，大学校园也不仅有爱情，还有真挚的友谊值得我们追求。做好自己，做勇于超越自我的自己，做最出色的自己，在你走出这片森林走向更广阔的天地时，会拥有适合你的、最好的唯一。不要让青春的“武斗”断送自己余生的幸福。

4 {谈暂别：暂别，是为了更好地回归

当你准备踏上人生另一段征程，要暂别生活、学习的校园时，美丽的母校是否让你无比地眷恋？黄色的迎春花铺满校园，春意盎然；串串黄杏挂满枝头，盛夏欲来；辽峰葡萄色泽渐深，初秋已至；绽放的蝴蝶兰喜气满棚，冬似不再。校园的一年四季就是如此的美丽，校园的每一处都留下了你青春的足迹。

暂别，会让你感悟时光。当我们回首在校时光里，那些无忧无虑的美好，会发现时间对我们真的很好，只是当时的我们不懂得珍惜它，而是放肆地挥霍它。时间总在不经意间就溜走了，很多人都在感叹时间去了哪里，却不明白应该珍惜当下，珍惜你拥有的每一分、每一秒，不要在虚度光阴后追悔莫及。

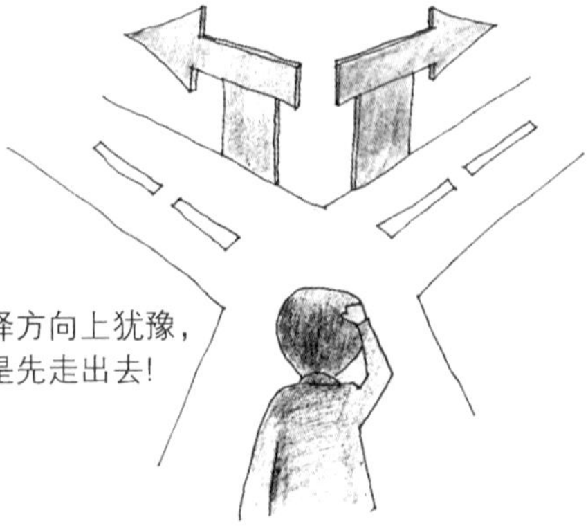

暂别，会让你看重友情。从小学到大学，身边人聚聚散散，充满着偶然，谁成为你的同学、朋友、兄弟姐妹都不是预先设定的。茫茫人海中，能走进一所校园、一个班级、一个寝室建立友谊，是多大的缘分和幸运。正因为这些偶然，彼此的交集才变得弥足珍贵。别人出于误解的话语，你不必睚眦必报；别人不经意的伤害，你不要穷追猛打；别人刺痛你的隐私，你不必斤斤计较。友情不是一味地索取，还需要付出与包容，学会了包容，你才能拥有海纳百川的伟大。

暂别，会让你释然缘分。心与心都期望被读懂，理解包容才能慰藉心灵的期盼，景色因欣赏而秀丽，有缘用心去珍惜，无缘切莫停留。情不在于同舟共济，而在于默契相随，再多的承诺不如责任与担当，真正的在乎，在于心里面会永远有。让我们拥有一份坦诚，善待真情。

暂别，会让你感恩亲情。“慈母手中线，游子身上衣。临行密密缝，意恐迟迟归。谁言寸草心，报得三春晖。”当你走出无忧的校园，进入危机四伏的社会时；在没有父母的呵护、老师的指导、同学的包容时；当你感到无限压力，无法喘息时，你就会懂得学生身份是多么逍遥，就会理解父母对你的付出是多么无私。亲情是伟大的，用你的努力去回馈这种伟大吧！

暂别，会让你体会成长。有一种成长，与年龄无关，它是你内心的强大。你懒惰，变得勤快了是成长；你吝啬，学会慷慨了是成长；你多愁善感，懂得快乐源泉了是成长。正视公平也是成长，因为这个社会有太多所谓的不公平，出身、学历、财富都会让你感觉不公平。但我们要记住有一点是公平的：你善待了别人，别人就会善待你；你用心对待生活，生活就会回报你。

暂别，会让你懂得奋斗。奋斗是一种感受，即使痛苦也会觉得幸福的感受；行动是一种体会，即使心碎也觉得甜蜜的体会。有梦，就要付诸行动，空谈理想的人，永远不会取得成功。有梦想的人，会真心实意地对待梦想，就算遇到再多的泥泞和坎坷，也会继续走下去，不断磨炼自己的意志，应对来自四面八方的挑战。

当我们暂别校园的那一刻，再回首看看我们走过的路，我们有的是恋恋不舍的感情；有的是没有虚度年华的自豪；有的是对美好未来的憧憬！

相信，那郁郁葱葱的校园正等待着载誉归来的学子！

5 谈方向：浮华褪尽，喧嚣归寂

给系里的学生上了一节就业创业指导课，回味一下仍觉意犹未尽，谈谈自己的感受吧。当下这个时代，提起“方向”二字多少有些泛滥，似乎每一个人都会问你，你的发展方向是什么，问多了就感觉“方向”这个词悬在空中，高不可攀，同时又让人感觉廉价和脆弱。方向对我们很重要，就如向日葵只有向着阳光才能绽放光彩，人也只有在合适的位置才能创造精彩的人生。我们要学会定位人生，找到属于自己的人生方向。

学会寻找人生方向。很多学生已经走上或即将走上实习或就业岗位，这个时候更需要你定位人生，认清自己的位置，找到适合自己的人生方向。相信很多成功的人，在取得成功之前不知道有多少次动摇到想要放弃，但好在他们总是能够在要放弃时再熬一下，就得到了突破瓶颈的机会，获得了胜利的奖杯。可以说任何一个成功的人并不是我们所想象的那样，起初就非常确信人生方向的正确性，只是他坚持了自己，寻找到努力的目标，然后为了这个目标而不断奋斗。

学会调整人生方向。字写错了可以擦掉重写，画画错了可以撕掉重画，唯有人生之路，走错了却没有归途。所以，我们要慎重地对待人生中的每一步，但这并不是让我们在人生的旅途中瞻前顾后、止步不前，也并不是说走错了一步就会满盘皆输、万劫不复。人生中更重要的是要有百折不挠的意志和勇于认错的态度，发现走错了就重新调整人生的坐标和前进的方向，成功的道路千万条，条条大路通罗马，只要我们坚持不懈、永不放弃，终会另辟蹊径、殊途同归。

学会定位人生方向。保持清醒的头脑，辨清方向，坚定不移地沿着人生的方向走下去。在一个遍地聪明人的年代里，稀缺的恰恰不是聪明，而是一心一意、孤注一掷、一条心、一根筋。我们在校两年，明礼仪、重道德、精技能，修身自律，就是为了能让自己在寻找方向时，更加清晰、更加果断、更加执着。有的人从云端起步，却将自己推入绝望的泥潭，一步一步走向沉沦；而有的人在淤泥中挣扎，最终却将自己送至成功的山麓，一步一步走向卓越。这其中关键的原因就在于心中是否有那份理想，是否有前进的方向。对于即将迈出校门的青年学子，人生最重要的不是我们置身何处，而是我们将前往何处。当你回首三年辽农时光时，不会因为虚度年华而悔恨，不会因为碌碌无为而羞愧。心怀理想，坚定不移，纵使出身卑微，纵使天赋平平，亦能将坎坷踏成坦途，实现人生价值。

学会坚定人生方向。社会是色彩斑斓的，是机遇与挑战并存的，同时也是危机四伏的。我们怀揣着憧憬与梦想，欢笑着投入进去时，会发现现实很“骨感”。有的人对自己的处境充满各种抱怨，埋怨命运的不公，埋怨幸运的背弃。殊不知，上苍从未偏爱任何人，它把决定权放到了每个人的手中。每个人都是自己命运的建筑师，当以人生方向为图纸，纵使山地崎岖，纵使“材料匮乏”，高楼大厦亦可拔地而起。苏格拉底曾说：“世界上最快乐的事，莫过于为理想而奋斗。”

无论身处何方，抱定方向、坚定信念、执着追求，梦的路上，且歌且行！

6 谈分离：分离，是让我们彼此想念

我们相逢在秋高气爽的九月，却分离在燥热的七月，在四季的变化中，我们的心理、观念都在变化，唯一不变的就是那颗依依不舍的心。不舍这绿

意浓浓的校园；不舍这朝夕相处的同学；不舍这辛勤付出的师长。不想说出的是离别的感伤；不想说出的是何时相逢；不想说出的是我心中有你。

从回忆中编织毕业后的记忆网。回首三载春秋寒暑，我们当初都那么青涩，我们都在校园里成长。我们有过欢乐，有过惆怅，有过隔阂，分离在即回想那些都是美好的记忆。一份憧憬陪伴你来到校园，一本证书又将你送别校园。多少年后，你还记得的有哪些？汪国真曾真诚地写道：“无论天涯海角，我们共享的同一轮明月，如果你也思念我，就抬头看一看天空上那颗最亮的星星，那里有我追寻你深情的目光，明月千里寄相思，也许只是一种完美的寄托罢了。”

珍惜在校时光并用好它，当你拿起照片时才不会感慨时间都去哪儿了！

从友情中感悟毕业后的思念。再没有寝室里拍打蚊蝇的声音；再没有熄灯后的床前夜话；再没有气愤时的摔摔打打和开心时的追逐嬉笑。在午夜梦回，当你披衣坐起看着窗外那轮明月，伸出手想抓住一缕青辉时，更多的却是心头涌起一股莫名的伤感！回想校园，都是满满的思念，思君如满月，夜夜减清辉，因为分离遍布各地，才那么让人牵挂，总是期盼着再次相逢。何当共剪西窗烛，却话巴山夜雨时。那是一种多么美好的期盼呀！

从心理上体会毕业后的甘苦。人与人只有在分离时，才知道彼此的欢笑是多么珍贵，才知道大学相处的时光是多么美好。人总是被夹在思念与向往之间，当你走出校园，走向向往的地方时，你会觉得自己一下子成熟了，青春也在那么一瞬间被颠覆，这时你才意识到你毕业啦！

从生活习惯中寻找毕业后的友谊。你不会在三点一线中，再遇见那群人，他们中有你爱的，也有爱你的，不会再日日相遇，这就是毕业，这就意味着你开始了人生中下一段路途，沿着自己选取的道路要一直走下去。你也许会想，那些小小的人啊，我们了解彼此的习惯；我们曾说说笑笑；我们曾打打闹闹；我们曾有过矛盾但又快速和好。

从期许未来中展望毕业后的美好。当你们再次回到这个地方，当你们再一次寒暄，才明白有些人已经离你远去，而你也离开了某些人，但总有一些记忆，总有一些场景，总有几个人割舍不掉，哪怕你走得再远；哪怕你们很久都不联系；哪怕你们不曾谋面，你们彼此都会如青春中一株盛开的迎春花，一树一树地开满花。

大美园林期待再相逢！送给每一届的全体毕业生！

7 谈爱自己：爱自己，你才有资格去爱世界

学会爱自己，是源于对生命本身的崇尚和珍重。它可以让我们的生命更

有温度、更加健康；让我们的灵魂更为自由、更为强壮。学会爱自己，不是让狭隘的思想造成自我孤立、自我放纵、自我迷失，而是让我们学会自我监督、自我管理、自我教育。

学会爱自己，就要知道什么才是爱自己。对于学生来讲，我们如何爱自己呢？讲诚信是首要。讲诚信是什么呢？比如周末请假备案公约、德为考核公约、安全文明教育公约等，公约的意思就是做之前，告知共同约定的内容；遵守公约就是讲诚信。因为我们都是成年人，如果每天都想着如何去打个擦边球，如何去投机取巧，那你的成长损失的是什么呢？投机取巧出现问题的案例以前有过，家长和学生一起去欺骗老师，最后导致学生在外出车祸身亡。现在大多数孩子是独生子女，父母培养了近二十年，最后却因为自己的一个小聪明，或一时的小贪念，把自己的大好青春断送了，这是多么可悲啊！

学会爱自己，就是督促自己作出最好的表现。给自己一个完美的人生；给自己一个真诚的自我；给自己一个勇敢的自我。这样才能够说自己是一个合格的新时代大学生。爱国、爱校、爱系、爱班、爱寝室都是爱自己的体现。人生路漫漫总有许多时候没有人督促我们、指导我们、告诫我们、叮咛我们，即使最爱你的父母和最真诚的朋友也不会永远伴随你成长。你所拥有的关心与抚慰都可能随时随地、毫无预兆地消失，这时候，我们必须学会为自己修枝、打杈、浇水、施肥，使自己不会变成干枯的小苗，而是成长为一棵枝繁叶茂的大树。

学会爱自己，就要学会给自己阳光雨露。当你选择黑暗，那你只能在黑暗中摸索，痛苦地挣扎；当你选择光明，你追求的光明就会照亮你的世界，每天沐浴在阳光中，你的心情就会更加舒畅。所以一定要记住，我们要学会去享受阳光，规避黑暗。当你思想挣扎时，要学会自己送自己一束鲜花，自己给自己画一幅五彩图画，自己给自己一个灿烂的笑容。学会用大爱去爱自己，抛弃狭隘的、自私的爱，这是一种光荣，它不会让你的精神无房可居，而是帮你建造出自己的精神宫殿，让你成为自己精神家园的主人。

爱，意义深邃、内涵广泛。你可以把它送给父母，送给师长，送给朋友，但别忘了也要留一点给自己。给自己一份自信，让自己永不褪色；给自己一份勇气，让自己永远坚强；给自己一份关爱，让心灵在爱的包围中收获自己的美好。

爱自己，你才有资格去爱世界！

团学篇

1 谈提升学生干部综合素质的五个有效途径

高校学生干部综合素质对积极的、正能量的、和谐的团学文化形成是至关重要的。学生干部的综合素质形成和巩固取决于自身主观能动性因素和外部客观因素的影响。主观因素包括自身主观成长的需要和责任感能动性的驱动，这些为学生干部综合素质形成发展提供了可能性；外在客观因素包括工作环境的影响、培训提升的触动、考核机制的鞭策，这些为学生干部的综合素质形成发展提供了持续性。因此，我们要善于利用和尽力优化外部客观条件，同时，更为重要的是要充分发挥学生干部内在主观因素，通过学生干部自身的积极活动，特别是有意识、有目的的自主学习、培训、实践，促使其综合素质得到质的提高和完善。

（1）学习式提高法

进入新时代后，全新的融媒体时代正覆盖着生活的各个方面，学生的学习观念也在发生深刻的变化。学习的方式是线上、线下双线并进，学习的内容也因不断地扩宽而更加全面，在校园里，学生不仅局限于知识技能的学习，在情感态度、道德品质和行为习惯上的学习需求也越来越迫切。作为学生中的一分子，学生干部同样需要通过学习，使其精神成长获取养分，没有扎实的学习积累以及构建合理的文化知识结构体系，综合素质的提升就只能是空中楼阁无从谈起。如何让学生干部对学习保持高昂的热情，需要提倡其向课堂和书籍学、向旗帜楷模学、向网络学，进而全面地提升其自身的综合素养。

向课堂和书籍学。发挥第一课堂的育人主渠道功能，提升学生干部的思想政治觉悟与技术技能水平，发挥出旗帜效应。通过培训学习课堂提升学生的行政工作能力和自身综合素养。书籍是知识的宝库，是前人智慧的结晶。课堂知识不能完全满足自身成长的需要，想要提升得更快必须依靠阅读去获得。课堂和书籍上获得的知识通过个体认识内化和升华，逐步融合进自身的整体思维体系中，才可以变成稳定和内在的综合素质。

向旗帜楷模学。通过学党史，让自己更加了解历史的脉搏和党成长的体系，作为高校学生干部，更应该学习党史，用英雄人物的成长、奋斗历程，激励自己勇于实践。在实践工作中要时刻以先进人物为自己的学习榜样，向同学中的优秀工作者学习，向身边意志坚定的同学学习，用他们的先进事迹、优良品质来鼓励和鞭策自己，提高自身的综合素质。在实践工作中要秉承三人行必有我师的观念，不断地丰富和完善自身的综合素质。

向网络学习。当前网络学习的普及化，拓宽了学生干部学习的途径，不管是从网络获取知识的量还是速度，都给学生干部带来了巨大的利益。高校的学生干部要转变观念，适应新的时代、新的环境，要更加贴近学生，贴近实际，不但要自身在网络中得到综合素质的提升，还要带动身边的同学不再迷茫在错综复杂的网络中，帮助同学树立正确的人生观，使同学的身心得到健康成长，度过一个愉快和充实的大学生活。

（2）实践锻炼法

马克思主义的认识论告诉我们，实践出真知，实践长才干。学生干部积极参加活动实践，是培养和造就自身良好素质的有效途径和快捷方法，同时，活动实践是学生干部施展才能、建功立业的舞台，也是检验是否称职合格的考场。高校学生干部的工作思路、工作计划、工作决策以及工作方法，都离不开活动实践，都要通过实践的检验。实践是个大课堂、大熔炉，学生干部只有积极主动地置身其中加强锻炼，其领导思想、领导艺术、领导方法的素质和能力才能得到极大的提高。

（3）教育规范法

学生辅导员既是教师又是管理者，他们的人格、风范品行，都对高校学生产生潜移默化的影响和熏陶。辅导员不仅是学生干部知识的传授者，还是思想的教育者和品德的示范者，其一言一行都会对学生产生影响。相关教师也一定要在思想政治上、道德品质上、学识学风上，以身作则、率先垂范，这样才能真正地为人师表。教师应该是学生学习素质、素养的促成者，教师的育人手段也不仅限于口中的说教和手中的书籍，更要依靠自己的人格和品行，这对学生的影响是终身的。

（4）外力推动法

教学环境感染力和培养力的创造，是对学生干部素质提升不可或缺的条件之一。人离不开特定的环境，正所谓近朱者赤、近墨者黑，因此，要努力营造良好的人文氛围，如干净的教室、高亢的口号和明显的徽标都可以发挥育人作用，有着潜移默化的教育力量。学生干部在使用过程中对其自身的培训和考核是必不可少的，通过综合训练和专项能力培养、集中培训和分散培训、定期培训和日常培训的方式，对不同层次的学生干部因地制宜、因材施教，构建起学生干部培训长效机制，促其综合能力得到逐步提高。

（5）自行总结法

开展批评与自我批评的自省方式是学生干部综合素质巩固的必要手段。如何把读书学习和积极实践有机地融合，就需要高校学生干部不断地进行自我反省。自我反省的目的就在于吃一堑长一智，我们必须学会自我反省，善于不断总结成功的和失败的经验教训，自身的素养才能不断地提高和完善。

学生干部素质的提高和完善是一个系统过程，辅导员和学生管理者一定要综合各方面的因素，不断寻求积极有效的方法，进而持续提高学生干部的综合素质。

2 谈培养学生干部应注意的六大原则

学生干部是学生中的骨干力量，是教师与学生之间的桥梁和纽带，是辅导员的得力助手。作为学生干部，既要具备较强的思想政治素质，又要具备较强的工作能力，更要具备诚恳的服务意识和真诚的服务态度，才能赢得同学的信任，从而带动学生群体整体素质的提升。辅导员能正确地指导学生干部，清醒地认识自己的地位和作用，才能更好地发挥出学生干部在活动中组织、引领和带动广大学生群体的作用，从而有利于快速提升学生干部的整体工作能力素质与服务能力。结合新时代、新时期对学生干部发展的新要求，总结出辅导员指导学生干部工作应注意的六大原则，为广大辅导员提供参考。

（1）坚持政治信仰，坚定明确历史使命担当的原则

辅导员要指导好学生干部思想的提升，以党史学习教育为主线，增强政治意识、大局意识、核心意识、看齐意识；坚定中国特色社会主义道路自信、理论自信、制度自信、文化自信；坚决维护习近平同志党中央的核心、全党的核心地位，坚决维护党中央权威和集中统一领导。深刻领悟习近平新时代中国特色社会主义思想精髓，坚定不移地跟党走。新时代、新要求、新目标，

青年学子要坚定前进信心，立大志、明大德、成大才、担大任，努力成为堪当民族复兴重任的时代新人。立大志，把握人生方向。远大志向是人生航向的指明灯，是建功立业的方向，是砥砺前行的强大精神动力，树立远大志向，才能把握正确的人生方向。明大德，擦亮青春底色。“德者，才之帅也。”人无德不立，国无德不兴。建党百年过程中，不同历史时期的革命先烈、优秀人物、先进模范、时代楷模等典型人物，无不具有高尚的道德情操，学生干部只有明大德才能擦亮青春底色。成大才，练就过硬本领。“大智非才不就，大才非学不成。”理想之魂必须附于才干之体方显价值意蕴，新时代学生干部，要学经典，明真理，感受马克思主义的真理力量，掌握马克思主义的基本原理、立场观点和方法，并用以观察事物认识规律，改造客观世界。担大任，肩负历史使命。新时代学生干部必须准确把握我国正处于近代以来最好的发展时期，同时，世界处于百年未有之大变局，要深刻理解新时代、新使命、新征程的科学内涵和具体要求，从而坚定为建设富强、民主、文明、和谐、美丽的社会主义现代化强国而奉献青春的信心和决心。

（2）坚持求真务实为本，一切从实际出发为先的原则

“千教万教，教人求真，千学万学，学做真人。”新时代学生干部在立德树人的过程中，要做到求真务实。辅导员要指导学生干部认识到，求真务实是认识世界和改变世界的武器，新时代学生干部要紧密结合具体的工作实际，以科学理论有针对性地解决思想层面的困惑，切实做到求真务实。只有做到求真务实才能掌握真本领，学会真知识，收获真成长；只有做到求真务实，学生干部在工作的过程当中才能说明白、讲清楚道理，才会把问题分析得透彻，思想理论的指引才会彻底。学生干部求真务实才能在思想理论上先受教育，才能让有信仰的人讲信仰。求真务实可以促使学生干部真学、真懂马克思主义，进而带动身边同学真信、真用马克思主义。坚定跟党走的信念。

（3）坚持理论学习吸收，实践运用检验相结合的原则

理论与实践相辅相成，二者缺一不可，是辩证统一的关系。辅导员培养学生干部时要讲清楚：理论是实践的基础理论，是前人实践的总结，但需要在新的实践中不断完善实践是理论学习的目的，实践出真知，实践才是检验真理的唯一标准，实践是提高能力的重要途径，通过实践可以学到许多书本上学不到的东西，会有思想性、经验性和规律性的收获，两者只有结合起来才会发挥出最大的作用，用理论指导实践，在实践中积淀理论，两者相互促进，共同发展。作为学生干部，在日常工作中更多的是策划、组织和引领广大同学开展系列学习和文体活动，在这个工作的过程当中，一定要边摸索，边在工作中发现问题，思考解决问题的办法，并且从书籍学习当中提升理论素养，坚定理想信念，才能更好地指导实践。

（4）坚持学业为主核心，学习工作共同发展的原则

辅导员要时刻提醒学生干部，牢记其首要身份是学生，而学生在校的首要任务就是成长为高素质人才，这必须要投入大量的时间去学习并完善自己的专业知识结构，对所学专业知识的系统掌握，是大学生成才的关键所在，在此基础之上谋求其他知识的获得和能力的提升，才能成长为复合型人才。作为辅导员，一定要指导学生干部，避免单纯地认为担任学生干部就能锻炼出自己的综合素质，片面地认为有了很好的组织协调能力、管理能力和社交能力，就能够应对社会就业中的各种压力。一定要指导学生干部充分认识到没有丰富的文化内涵和专业基础知识所支撑的综合素质，都是空中楼阁，经不起风吹雨打。首先，必须清醒认识到学生的天职是学习。要以做好学生干部为压力、动力来抓好自己的学习，要始终保持良好的学习态度，坚持严谨勤奋、求实创新的学习作风，才能成为学生中的楷模，才能发挥模范示范作用。其次，要提高学习效率，学会科学地规划学习时间，要学会整合学习时

间，学会挤，学会压，把学习的时间尽最大可能地集约化、集中化、高效化，这样可以腾出更多的时间来开展工作，提高工作效率。最后，要科学制订严格执行自己的学习与工作计划。在紧张的学习过程当中，一定要科学地安排工作。比如期末复习阶段，就不能安排更加复杂多样的工作活动，在集中攻坚开展工作活动的过程当中，就不能过多地考虑专业知识的学习，这种计划和时间上的分配，一定要科学有效才能够不影响学习。

（5）坚持服务他人主线，锻炼提升自己素养的原则

学生干部是老师和同学的桥梁，这一点是得到共识的，这就要求学生干部既要踏实地做事，又需要有运筹帷幄、统筹全局的能力。辅导员要告诫学生干部，增强良好的服务意识，可以使其更好地协调与普通同学之间的关系，通过主动地了解同学的活动空间、价值取向、行为方式，才能更好地践行服务的理念，实现共情，拉近与同学之间的关系。良好的服务意识可以提高学生干部的工作质量和效率，有助于学生工作的顺利开展，“其身正，不令而行；其身不正，虽令不从”。行动才是无声的语言，学生干部既要能当火车头，又要能当老黄牛；“己所不欲，勿施于人”，只有自己首先做到，才有理由去要求别人；只有学生干部以身作则，身先士卒，才能带动其他干部和同学，才能切实有效地提高整体学生干部队伍的工作质量和工作效率，学生干部才能够真正实现主观上少一点急功近利，多一点平心静气，少一点哗众取宠，多一点踏实稳重。把服务意识融到学生干部的个人品质当中去，才能推动学生工作的顺利进行，才能在服务中成长，在实践中提高。

（6）坚持团结协作共赢、共同进步成长的原则

杜绝官僚作风，摒弃主观垄断、一意孤行的自我工作风格，是创建和谐团队的基础。辅导员要提醒学生干部，不管担任什么职务都要摆正位置，明白自己最根本的身份都是学生，自己与同学之间一切权利和义务都是平等的。

学生干部队伍中个体之间的差异一定是存在的，但辅导员一定要从团队精神培养上，给出明确的指导和指示，搭建更加可行的工作平台和建设氛围，使每一位学生干部都能形成一个共同为之努力奋斗的目标，将为同学服务做好职责监管、监督作为工作的核心，才能拥有强大的协作力量，才能实现每一位学生干部都从全局意识出发，为整个团队的共同目标而努力，甚至必要时牺牲个人的利益。只有这样才能化解出现的各种矛盾，才能在自己工作的过程当中找到乐趣，才能让自己的热情影响到他人，给他人树立良好的榜样，从而实现带领全体同学共同进步的目标。

3 谈应教给学生干部的十种工作方法

辅导员“九大职责”是辅导员日常工作的主线内容。对辅导员来讲，面对几百个大学生个体，日常管理事务的压力是非常大的，工作中如何缓解、化解这种工作压力，避免辅导员因为工作压力而产生职业倦怠，进而产生岗位逃离的现象，捷径就是要培养好学生干部队伍，使其成为辅导员日常工作的得力助手。如何让学生干部更好地发挥出组织、引领和自我服务的主体效应，这就需要辅导员在日常工作当中，主动教会学生干部如何开展工作、如何做好自我提升、如何服务于广大同学。结合一线实践经验为广大辅导员介绍十种提升学生干部工作效能的方法，便于辅导员有针对性地指导学生干部做好自我学习与提升。

（1）调研分析法

调研分析是在各项工作中应用最为广泛的方法，它能够快捷地提供有用的信息，刚刚上任的学生干部，对于工作的开展大多数感觉无从下手，总是感觉有劲使不上，主要的原因就是缺乏对学生群体基本情况的了解，调研分析就可以对学生中的舆情民意、学习状况、生活状况、情感状况和网络信息状况等进行有效的了解，方便学生干部掌握寝室、班级、院系的一些基本情况。调研分析法就是要发挥学生干部是学生身边人的作用，在朝夕相处当中持续观察周边学生的状态和自身所处的位置环境，做到知己知彼更有利于开展工作。调研可以通过面对面的交流和同学心交心地谈彼此思想和问题，这样更容易掌握普通学生内心的一些日常想法；会议调研可以通过组织一个专题的学生交流形式做好记录，这样使同学们能够非常正式地、严谨地去剖析问题、诉说问题。调研分析法需要辅导员在日常工作的过程当中逐一进行指导和带动，开展好日常工作，进而提升学生干部的调查研究能力和深度。

（2）方案预定法

“未雨绸缪，好于亡羊补牢。”学生干部的工作计划方案设定是开展好本职工作的指南，一个周密的工作指南，能够约束学生干部按步骤地完成各项预设的教学与团学活动；有秩序地完成辅导员及相关教师指派的各项任务；有组织地开展工作。工作计划方案在学生干部的日常工作中占据了重要的地位，方案可以按步骤规范操作流程，也可以提前预设一些危机性的预案，这样在执行任务过程中出现的一些差错或突发情况可以及时地管控和调整。工作计划方案的设计可以是学期工作计划方案、月工作计划方案，甚至可以到周工作计划方案，每一个方案的制订都要有目的性、预见性、针对性和可操作性，这样就能够引导、组织、带领广大同学实现既定的目标和要求。

（3）氛围营造法

氛围的营造就是思想动员的进一步延伸，学生干部要在工作过程中学会氛围营造式的宣传动员，积极引导广大学生群策群力地支持和参与到校园活动当中去。氛围营造的过程中要多采用激励的方式，适时地鼓励同学，辅导员指导好学生干部在宣传某项活动的时候，要站在同学的角度去思考，要积极地告诉同学，通过这样的形式能够给自己带来哪些方面的成长，要多坚持走进同学、服务同学，倾听同学的心声。学生干部在工作中要平易近人，不能摆官架子、打官腔，用自己富有感染力的演讲，鼓励同学们的参与热情。氛围营造法，要求学生干部对工作内容要非常熟悉和了解，对工作或者对活动的目的和意义要非常清晰，这样才能够很好地去感染广大同学，带动其积极地参与到活动中来。

（4）制度约定法

“没有规矩不成方圆。”制度是组织体系里的指挥棒，制度约定强调的是有规可循、有度可守、有章可查，学生干部可以依据已有的规章制度，结合本岗位、本团队或本班级实际情况，制定初稿征求同学和老师的意见，讨论、公示通过之后，形成整个集体共同的守则，必要时可以签订公约，共同监督。制定管理条例之后必须严格按照条例实施，如果在实施过程中发现重大的情况，不能按原来规章制度实施的，应及时征求意见并进行有效修改。

（5）协作分工法

辅导员要清楚地知道学生干部是一个团队，更是一个更大的良好团队的核心集体，学生干部彼此间的良好合作是工作开展的关键因素。要做到分工而不分家，这样才能发挥出 1+1>2 的优势。协作分工可以提高效率，更好地发挥整体的效能，原因是：协作分工能够发挥个人的长处，达到取长补短的效果；协作分工可以克服彼此短板，集思广益，彼此取长补短，避免木桶效应的出现；协作分工可以产生集体效应，形成团队精神，既有分工又有协作，在磨合中强化干部对集体的认识，分工后对自己的目标定位更加明确，各自的职责更加清晰，操作起来更加有条理，在分工的前提下又相互协作管理，交叉进行，进而更大化地提升工作效率。

（6）提炼积淀法

提炼总结经验是提高自己的重要方法，新媒体时代信息知识爆炸的速度无可比拟，使知识获得更加容易，不断地积淀更有利于提高总结工作能力，因此将学到的知识化为自己的实际工作能力显得十分重要，学生干部在实践活动中要主动梳理流程脉络，进行提炼、总结和归纳，提炼总结的过程就是对自己实践情景再现的过程，不断地积淀就可以做到熟能生巧，简单重复形成了机械记忆，对于日后的应变能力和动手能力都有潜移默化的影响。

（7）团结进取法

“一个好汉三个帮”，学生干部要想做好工作除了自身努力和老师指导帮助外，还有一个至关重要的因素，那就是团队、班级或组织内部的团结，团结的群体氛围可以让疲劳和困惑融化，消除学生干部的岗位倦怠感，同时也可以帮助学生干部顺利开展相关的日常工作，能否融入集体团结好同学，也是检测学生干部素质高低、能力大小的重要标志。

（8）齐头并进法

学生干部也是学生中的一员，更要注意常识性问题，那就是学习。学生干部要想更好地发挥旗帜效应，更好地代表同学，就不能让工作影响到学习，这方面我们辅导员要让学生干部清晰地认识到。做到学习与工作齐头并进，一是要利用好课堂时间和碎片时间。课堂是学习效率最高的地方之一，在课堂上应当做到认真听讲，做好笔记，不懂的地方及时与老师进行沟通。二是要做好统筹安排。计划自己学习、工作或者休息时间，将最紧急的列在首位，按照轻重缓急的顺序操作。三是要学会拒绝。虽然自己的任务没有完成，但是别人找他帮忙通通答应，最后搞得里外都是问题，激化矛盾。四是要学会调整心态。少部分学生干部上岗时热情极高，工作一段时间后感觉力不从心就开始打退堂鼓，这时候放松一下，给自己一点空余的时间，与自己的辅导员交流一下，调整好心态就会满血复活，做事情不要轻易半途而废，思想上一定要放松，学会自我调整。

（9）新媒体运用法

学生干部要充分利用好新媒体平台信息量大、知识面宽、传播速度快的优势，来促进与学生之间的融合。一是要借助手机平台调动学生学习的积极性；二是要借助平台丰富广大学生科技生活，通过抖音、微信、公众号、微博等渠道展示工作的流程和工作的效应，来吸引广大学生积极参与，进而提升各岗位的时效性和针对性。

（10）形象树立法

“学高为师，身正为范。”学生干部可以通过各种渠道平台、线上线下的活动，来展示自己的兴趣爱好和对时事热点的评价观点，包括对院系、部门、班级建设以及日常生活中的一些建议和想法。与周边同学寻求共同的话题，加强和学生之间的情感交流，这样能够缩小与学生之间的情感距离，处理好与学生之间的人际关系，树立学生干部良好形象，让学生自主地配合学生干部。同时，学生干部也可以借助新媒体平台传播正能量，树立自身榜样和形象，发挥旗帜与引领示范作用。

4 谈应教给学生干部的五种沟通技巧

共青团中央、教育部、全国学联联合印发的《学联学生会组织改革方案》中明确指出："激发动力、提升活力、增强吸引力和凝聚力，使学联学生会组织更好地代表和服务广大同学，更好地团结和凝聚广大同学听党话、跟党走。"辅导员如何能指导好学生干部和学生干部如何能实现好这一目标，归根结底就是指导好学生干部与广大同学建立和谐互进的良性关系。学生干部处理好人际关系不仅是其开展实际工作的需要，更是将来适应社会，实现更好的自我发展的需要。学生干部是学生群体活动基层的组织与策划者，比其他同学承担更多的责任，同时，他们又是学生中的普通一员，其身份与所有同学都一样，这种身份定位就要求学生干部要具备和谐的人际关系，才会在服务同学、引领同学过程中顺利开展工作。因此，学生干部更应该注意，在与同学和各种群体之间交往中掌握好沟通的技巧。

（1）沟通中关于说服的技巧

学生干部在开展日常工作的时候一定会遇到需要说服、劝说他人使其参与和配合其工作的情况，极有可能在工作的过程当中与他人出现产生矛盾或者分歧。这些问题的出现都需要通过说服来逐一解决，如果不掌握技巧说服就难以达到理想效果。

放低姿态，拉近距离。这是说服他人的前提条件。说服他人过程中一定存在着分歧或不理解之处，创造良好的谈话氛围，才能给说服创造成功的条件。如果不尊重他人，拿出一副高高在上、盛气凌人的架势进行说服，那往往不会达到理想的效果。相反，用商量的语气、协调的方式进行交流，在保证了对方的诉求和自尊的同时，也会更好地实现相互的理解和互助，这样才能更顺利地实现说服他人的目的。

实现共情，打消抵触。这是说服他人的保障条件。在常规环境下，一个人想说服另外一个人，彼此在心理上都会产生潜意识的防范心理，一方是怕不同意，另一方是不愿意同意。没有心理上的接纳，任何方式的说服都不会达到最佳的效果。要想在说服的过程当中，达到理想的效果，就必须打消这种心理上的防范意识，这就需要在说服的过程当中设身处地地考虑他人的处境，对被说服对象的情绪、情感，要有深层次的体会，能够感受到、理解到、体验到对方的情感要求。这样反复强化才可能使被说服对象在潜意识里形成你是朋友、不是敌人的效果，从而实现情感上的共鸣，提高说服的成功率。

换位思考，将心比心。这是说服他人的增值条件。要做到换位思考，首先一定要了解所换位的内容是什么，这样就可以做到知己知彼。当你充分了解到此内容之后，就会站在他人的立场上去考虑问题，去谈论观点，就会给被说服对象一种心理上的暗示，时刻感觉是你在为他的利益着想，这样说服他人的成功率会大大增加。

（2）沟通中关于批评的技巧

任何一种制度都不可能没有漏洞，任何一个人也不可能尽善尽美。在学生干部组织日常活动的过程当中，一定会在不同环节中，遇到不同的人，出现不同的问题，这时就需要学生干部因地因时地提出一些批评或指出问题的根源。在这个过程当中，既要实现纠正问题的目的，又不影响同学之间的情感与团结，因此，要求学生干部在批评形式上更注重技巧和方式。

守规重则，言辞得当。这是批评他人的基本原则。遵守规章制度，尊重原则规范，才能在批评的过程当中让被批评者认可和信服。批评他人的过程中，对于原则性错误要及时、严肃地指出来，在指出的过程当中，言辞一定要得当，既不能夸大事实，也不能够遮遮掩掩，既要实事求是，但又不能咄咄逼人，这样才能保护好被批评者的自尊心，降低抵触情绪产生，进而达到批评的效果，实现纠正的目的。

把握分寸，循序渐进。这是批评他人的基本方法。把握分寸就是批评时要注意语言环境和背景条件。用良好的语言环境和背景条件，使其谈话内容产生“话外之音”。在这个过程当中，一定要适时地观察被批评者的情绪和状态，逐渐深入，逐渐说明批评的缘由，只有这样，情感脆弱或自尊心较强的人，才不至于过度地反弹和产生强烈的不满情绪。在良好的语言聊天背景环境下就可以多用暗示性的语言委婉地表达批评的意思，这样在循序渐进的过程当中，既保护了被批评者的自尊心，又能实现批评教育的目的，使其及时发现自己的错误，达到自我反省、自我改正的目的。

伺机而动，诙谐劝诫。这是批评他人的灵活形式。伺机而动，就是要把握好批评的时机。作为学生干部，不能肆无忌惮地不分场合、不分地点地批评和指责他人，这样就会有发生类似争吵、肢体冲突等危机事件的可能。在活动的过程当中，如果出现问题需要进行批评指正的时候，在批评话语的表述过程中说话风趣一点，更有利于在欢快的氛围中达到纠正错误的效果。

（3）沟通中关于赞美的技巧

工作的过程当中，人人都渴望被认同、被肯定、被表扬。适时的赞美能让人产生积极愉悦的状态，有助于提高工作效率，能激发出一个人的潜能，能消除相互之间的矛盾和误会。相反，虚伪的赞美之词会让人从内心产生一种厌烦和距离感，会影响工作关系的正常发展。因此，只有审时度势、真诚以对，才能使赞美恰如其分地发挥实际作用。

抓住要点，准确表述。这是赞美的关键点。在学生干部开展日常活动的过程当中，并不是所有的环节都会出现显著的工作成效，也并不是所有的活动结果都具有轰轰烈烈的影响效应。这时就需要我们在流程当中发现他人的闪光点，并抓住这些闪光点进行准确、有力、翔实的赞美，赞美之词越贴近被表扬对象的工作实际，也就说明你对他的工作越了解，也看见了对方的努力和付出，让被表扬者感到你的真诚和可信。相反，如果敷衍了事、蜻蜓点水，会让对方产生抵触或猜忌的想法，会影响整个团队关系的建设和个人品牌的树立。

锦上添花，真情表达。这是赞美的闪光点。赞美之意，出发点就应该建立在已经创立了一定成绩的基础之上，这样才可以激发赞美的爆发点。表达出准确的、合理的赞许，会激发成人对自己成果的信心。而那些在努力过程当中还没有取得一定明显成效的人，他们更需要赞美之言，要从他工作的实际出发，真情表达，不能让他感觉对他的鼓励是刻意为之，因为这个时候他受到你的表扬之后，自信心和努力进取的信念会增强，就更容易获得成功，得到收获。

适可而止，润物无声。这是赞美的结合点。赞美之词要选择好时机，做到合乎时宜、适可而止，这样才能真正达到随风潜入夜、润物细无声的效果。学生干部要学会捕捉时机，充分肯定他人的工作。在一项工作初始阶段的赞美会激励对方努力做出成绩；工作过程当中的赞美可以增强完成工作的决心；工作完结时的赞美可以让完成人对自己的工作更加充满信心。抓住时机适时地进行赞美，就一定会起到事半功倍的效果。

（4）沟通中关于鼓励的技巧

鼓励是一种美德。一句负面的话，可能会刺伤一个人的心灵与身体，甚至毁灭一个人的未来；而一句鼓励的话，也可能会改变一个人的观念与行为，甚至改变一个人的前途与命运。学生干部要充分认识到，当身边同学因失误和（或）困惑感到迷茫和情绪低落的时候，他们需要的往往就是鼓励，及时的鼓励就会使团队的战斗力更加强大。

耐心倾听，有效反馈。这是鼓励的前提条件。任何人在遇到困难与挫折时，往往都会感到郁闷与失落，有的甚至出现悲观厌世的念头，学生干部遇到这种情况应主动介入，耐心倾听其讲述自己的故事，了解整个事情的原委，这样既可以拉近彼此之间的距离，进而使他愿意与你交谈，让你分担他的痛苦，同时也让你能充分地了解，便于有效鼓励，进而解决问题。

真诚友善，平易近人。这是鼓励的基本条件。为人真诚、待人友善、平易近人，是人与人之间建立良性沟通的前提，在鼓励他人时说话要切合班情、系情、校情，不要许诺画饼，夸大事实现状，要让同学明白你是实实在在地关心他，你的鼓励是真诚的，你随时准备以实际行动来帮助他。

楷模引路，身正为范。这是鼓励的有效方法。楷模的力量是无穷的，我们在鼓励他人的时候，要根据受鼓励者的实际情况，有针对性地选取身边榜样和成功的事例来鞭策鼓励他，让他重树信心，战胜自我，尽快克服困难，走出低谷。同样，学生干部一定要做到身正为范要求，或者鼓励他人做到的事情自己要先做到，这样你才能发挥朋辈效应，才能发挥旗帜标杆的效应，才能引领组织带动身边同学进一步成长、提升。

（5）沟通中关于新媒体运用的技巧

新媒体技术不仅为高校学生干部开展工作提供了良好平台，同时也为高校学生干部树立形象提供了新的平台。新媒体现已成为高校大学生学习、生活、人际交往的互动平台，学生干部要重视新媒体平台的作用和价值，要善于发挥新媒体平台在自身工作开展和形象树立中的作用，利用好新媒体平台，提高自身工作的有效性以及建立良好的干部形象。

搭建平台，增强引导。这是运用新媒体技术的基础。学生干部搭建运用好新媒体平台，能够第一时间将相关工作任务和思想传达给广大同学，能够让大学生在行为上和思想上与院校组织层保持一致，可以将班级、院系集体日常活动信息和各种通知、班级优秀评选等传递给每一个学生，有利于加强同学间的凝聚力和归属感，使得同学们自主配合和支持高校学生干部的工作。

传播增速，促进工作。这是新媒体技术的特点。相对传统的报纸、广播杂志等大众媒介，新媒体技术可以以最快的速度传播社会信息，以及实现人与人之间的沟通交流。学生干部可以借助新媒体技术创建移动课堂，利用各种与教育相关的 App 等手机平台调动大学生学习的积极性，促进大学生不受时间、空间的限制获取知识和传播信息的速度。学生干部可以通过新媒体技术创新学生活动的载体，打破传统的学生活动模式，让学生更加积极踊跃地参与到校园活动中来。

树立形象，引领思潮。这是新媒体技术应用的目标。广大学生干部可以通过 QQ、微信、微博、抖音、哔哩哔哩等各种网络交流平台，包括学生干部个人微信朋友圈、QQ 空间等宣传自身良好形象，将学生干部的精神面貌、工作职责、服务内容等传达给每名同学。可以在新媒体平台上与同学们交流兴趣爱好、时事热点、班级建设意见以及日常生活当中共同的话题，这样可以进一步加强和同学之间的情感交流，拉近与同学之间的情感距离，增进与同学之间的情感契合度。学生干部还可以借助新媒体平台传播正能量，树立自身榜样的形象，树立良好的干部形象，起到带头示范的作用。

5 谈七种激励学生的方法

激励以启动教育对象的内应力为出发点，以完成立德树人这一根本任务为落脚点。学生体内都蕴含着巨大的潜能，激励通过有效地满足学生心理、精神或物质方面的某种需要，进而发掘学生内在潜力，开发学生能力。激励如同催化剂能给化学物质以凝聚或分解的变化，激励要“激”在点子上，才能“励”在心里。

（1）目标激励法

目标激励法的概念。目标是组织对个体的一种心理引力。所谓目标激励法，就是确定适当的目标，诱发人的动机和行为，达到调动人积极性的目的。目标作为一种诱引，具有引发、导向和激励的作用。一个人只有不断启发对高目标的追求，才能发动其奋发向上的内在动力。

目标激励法的方式。在目标激励的过程中，要正确处理大目标与小目标、个体目标与组织目标、理想与现实、原则性与灵活性的关系。在目标考核和评价上，要按照德智体美劳全方面对学生进行全方位综合考察，定性、定量、定级，做到“刚性”规范，奖罚分明。

目标激励法的要点。首先要切实可行。目标过高会使人感到可望而不可即，不切合实际，目标必须恰到好处，能够催人奋进，才会千方百计努力争取实现；目标过低，抬手就可及是不可能起到激励作用的。其次要广泛深入宣传，激发学生为实现目标增强责任感和自豪感。最后要把目标与学生的实际联系起来，使每个人都想要实现。通过班会或者谈心谈话宣讲使目标与个人的切身利益联系起来，进而为目标的实现更加努力。

（2）信任激励法

信任激励法的概念。信任激励法就是强调辅导员要充分相信学生，尤其是学生干部要放手让其在职权范围内独立处理问题，使其“有职有权”，创造性地做好工作。

信任激励法的方式。“疑则勿任，任则勿疑。”一是用人不疑的对象必须是德才兼备、在工作上能放心放手的人才；二是用人切忌轻信闲言碎语，更要有清醒的头脑，是非分明，避免影响学生的智慧和创造性的发挥；三是授以权职之后，必须让其放手工作，不要横加干涉，否则就谈不上真正的信赖和授权。只有这样，才能让学生产生最佳心理，以激励学生充分发挥主观能动性。

信任激励法的要点。一是要对学生中涌现出来的好人好事、积极性和创造性精神等，及时给予肯定、支持和表彰，并对其进行广泛宣传；二是要在学生遇到困难的时候，及时、主动、热情地帮助解决，对学生中表现好的方面给予支持、肯定和表彰，可以使好的思想品德作风得到公认，使其产生光荣感和自豪感，进而激励更多的人不断前进。

（3）物质激励法

物质激励法的概念。所谓物质激励法就是通过满足学生某种物质需要激发鼓励他们采取积极行动的方法。一般是向成绩突出、贡献较大的个体发放一定数量的奖金或实物以示表彰和鼓励，从满足人的物质需要出发，对物质利益关系进行调节，从而激发人的向上动机并控制其行为的走向。

物质激励法的方式。物质激励多以奖励、批评、表彰、处罚等形式出现，物质激励是激励不可或缺的重要手段，它对强化广大学生的责任意识和自我修正意识是非常有效的方式，同样可以是调动学生干部日常工作热情的催化剂。

物质激励法的要点。一是合理性奖励，要从成绩和能力相称考虑，合理分配奖励；二是公开性奖励，使每个人都能把握自己努力结果与获奖之间的联系或差异；三是结合性奖励，要把物质奖励同精神鼓励相结合起来，使之配合得当、相得益彰，以内化物质激励为精神力量。

（4）情感激励法

情感激励法的概念。所谓情感激励法就是通过满足学生共同需要的情感，以激发鼓励他们积极行动的方法。情感激励法既不是以物质利益为诱导，也不是以精神理想为刺激，而是指领导者与被领导者之间以感情联系为手段的激励方式。

情感激励法的方式。人们的认识和行为都是在一定的情感驱使下完成的，积极的情感可焕发出惊人的力量，而消极的情感则会妨碍进取情感。情感是人的行为最直接的激励因素，如信任支持、民主关怀、尊重认可，都可以赢得人们之间的信赖、接近和交流。感情融洽是一种比什么都重要的巨大力量，它可大大推动工作的进程，并促进工作质量的提高。

情感激励法的要点。每一个人都需要关怀与体贴，一句亲切的问候、一番安慰的话语，都可成为激励人们行为的动力。运用情感激励要注意情感的两重性：积极的情感可以增强人的活力；消极的情感可以削弱人的亲和力。情感激励主要是培养激励对象的积极情感，其方式很多，如沟通思想、排忧解难、慰问家访、交往娱乐、批评帮助、共同劳动等。只要辅导员真正关心、体贴、尊重、爱护激励对象，通过感情交流充分体现出“人情味”，学生就会把你对他的真挚情感化作自愿接受你领导的自觉行动。

（5）榜样激励法

榜样激励法的概念。所谓榜样激励法，就是通过榜样给学生提供一个效仿的对象，只要学生们对榜样心悦诚服，就能引起他们感情上的共鸣，给他们以鼓舞教育和鞭策，激发起比学赶帮超的热情，进而修正自己的言行。

榜样激励法的方式。一是甄选树立榜样，可以是一个人也可以是一群人，可以是一个方面的人也可以是多个方面的人，向先进靠拢树立榜样，要广泛征求学生意见，对榜样的宣传要实事求是，不要故意拔高；二是要客观引导对榜样的认识，教育学生端正对榜样的认识，明确榜样并非完人，同样也有缺点，关键是要向好的思想行为学习；三是注意对如何成为榜样的过程多宣传，在宣传榜样事迹的时候，要着重宣传其形成条件和努力的过程，并指出学习和超出榜样的可能性。

榜样激励法的要点。树立人人都有可能成为榜样的意识，才可能促使大家自觉地向榜样学习，榜样才能真正起到激励上进的作用。掌握了学生的向上性动机，在树立榜样时就要多做调查研究，多深入实际，多深入学生，根据工作需要选准榜样。明确榜样不是固定不变的，作为榜样，其他人向你学习，如果在各方面超过了你，你不再是榜样，而应反过来向别人学习，以别人为榜样了。作为榜样，如果他人向你学习，你自身也应不断努力，始终走在他人前头，这样才会形成比学赶帮超的良好育人氛围。

（6）表率激励法

表率激励法的概念。所谓表率激励法是指辅导员通过自己的事迹或行为来激发鼓励周围学生积极性的方法。辅导员以自己的模范行为去感染周围学生并激励他们，带领他们为完成共同的目标而努力奋斗。

表率激励法的方式。一是树立“德高为师，身正为范”的表率意识，坚信榜样的力量是无穷的。孔子讲道：“其身正，不令而行；其身不正，虽令不从。”辅导员个人的举止行动其实就是学生模仿的对象，是无声的命令。二是要主动树立品牌形象，辅导员主动地通过线上线下的输出，逐步形成属于自己的育人品牌，或者能写，或者能说，或者能运动，等等，这些都将是传达思想的有效载体，进而影响学生的成长发展。

表率激励法的要点。一要坚持求真务实。辅导员说话办事要言行一致、表里如一，力戒夸大其词，浮夸会对学生产生思想上的误导，影响学生良好品质的形成。二要率先垂范，严于律己。要求学生做到的首先自己要做到，禁止学生做的，自己坚决不做。三要敢于自我批评，个人在管理上出现一些失误，要敢于自我批评，敢于当着学生的面进行自我批评，主动承担责任，总结教训、改进方法，为学生树立一个闻过则喜、知错即改、谦虚谨慎、不断进步的榜样。

（7）惩罚激励法

惩罚激励法的概念。所谓惩罚激励法指的是让学生充分认识自己的错误，从而积极改变与提升。人性化的处罚可以变成像正面的表扬一样，具有激励性。

惩罚激励法的方式。一是要把惩罚与教育相结合，即说服教育在前，惩罚在后，使人知法守法、知纪守纪，这样做可以减少犯错误和违纪的行为，即使犯了错误，因为有言在先，在执行制度时也容易认识错误，乐于改正。二是掌握时机，慎重稳妥，一旦查明事实真相就要及时处理，以免错过良机，造成更大的错误。三是惩罚为对人的某种行为的否定、批评和惩处，是一种负向激励，目的在于纠正和消除，以教育或挽救犯错误的学生为目的。辅导员在对学生进行惩罚时，可采取口头批评、书面通报批评，或者通过表扬他人从而达到批评的目的。

惩罚激励法的要点。进行惩罚时必须注意分析几个方面的问题：一是调查错误行为的原因、动机和目的，划清从轻、从重的界限；二是根据认识错误的程度和态度来惩罚，惩罚宜宽不宜严，立足教育挽救；三是慎重选用惩罚方法，如口头的或书面的警告、公开的或小范围的批评都要因势而为；四是可适当借助制度的权威，实施对学生的惩罚，以增强惩罚的效果。

总之，对学生的激励机制应该灵活变化、因人而异，尽力做到具体问题具体分析、具体解决，要用长远的眼光看待、完善思想教育和行为教育，做好各项学生管理工作，以不变应万变，更好地对学生进行激励管理，从而更好地促进学生德智体美劳全面发展。

6 谈在学生活动设计上应坚持的“四大原则”

大学校园文化中的一个重要组成部分就是学生活动文化，要大力建设校园文化就要精心设计和组织开展内容丰富、形式新颖、吸引力强的各级各类学生活动。辅导员作为开展大学生思想政治教育的骨干力量，如何落实好此项工作，就需要辅导员在设计学生活动的过程中，遵循一定的规律，坚持一定的原则，才能让活动进行得有形有实、有效有序，更要在学生活动设计的过程中缜密思考、精心设计、合理安排、科学调度、认真实施。所以，强调大学生活动设计的原则就显得尤为重要。

（1）活动设计的主题性原则

辅导员在设计学生活动的过程中，首先要明确活动的目的和主题，围绕目的和主题开展一系列认识和行动，主要是学生关心、关注的社会现象，与学生自身生活利益相关的各方面的内容，都有可能成为学生活动的主题。主题选择是学生活动设计的首要任务，大学生是一个知识面宽、思维活跃、兴趣广泛、参与意识和责任意识比较强的群体，在设计活动的过程中，要充分考虑学生的现实需要、追求及其思想特点。因此，在学生活动主题的选择上，要坚持以下四个方面的要求。

活动目标要明确。无论教育的形式如何转换，立德树人这一根本任务不会改变，培养德智体美劳全面发展的社会主义建设者和接班人的目标不会改变，这既是教育的出发点，也是教育的落脚点。辅导员在进行学生活动策划和设计的时候，都要服从和服务这一宗旨和目标。

价值导向要正确。辅导员要充分认识到大学是培养社会主义建设者和接班人的重要平台，活动开展应以树人为核心，以立德为根本，最终实现为党育人，为国育才。辅导员作为学生思想政治教育的骨干力量，要通过丰富多彩的活动内容和多样的活动形式，向广大学生宣传灌输正确的世界观、人生观、价值观，同时进行思想品德、社会公德、职业道德、家庭美德的塑造与升华，使大学生在活动中受到潜移默化的影响，思想情感得到熏陶，精神生活得到充实，思想境界得到升华。

时代气息要丰富。辅导员在进行学生活动设计的时候，要考虑富有时代气息，贴近时代、贴近生活、贴近学生，主动学习、准确把握“百年未有之大变局”的科学内涵，充分理解“两个一百年”奋斗目标的历史地位和意义，通过学生活动准确传达青年学生关注的热点问题，以学生为本，遵循学生的生活规律，科学合理安排学生课余时间，缓解学生的学习压力，提高学习效率，丰富业余文化生活。

受众面要广泛。辅导员在进行学生活动设计的时候，要宣传引导学生理解“参与就有收获、参与就有获得、参与就有荣耀”的主导思想，促使更多的学生在活动中接受教育、得到锻炼。这就要求辅导员在设计学生活动主题上，要以选择学生关注的问题为主线，充分调动学生的主观能动性和积极性，通过活动使学生骨干和积极分子的能力得到提高，使观望者被带动并产生热情，使冷漠者被影响而受到感染。面向全体学生开展的活动，才能使学生活动更加充满活力，更加体现魅力，更加具有吸引力。

（2）活动设计的主动性原则

学生的主流文化要尊重。辅导员要充分认识到大学生的主流文化是绝大多数学生共同的理想兴趣、爱好习惯。在学生活动的设计上要充分体现学生的求知、活跃、时尚的特点，在活动的设计环节上要有时代气息，不能落伍、不能僵化、不能古板，这是吸引和引导广大学生积极参与活动的重要方法。在活动设计时要主动征求学生的意见和建议，让他们乐于接受、乐于体验、乐于参与，从而营造积极健康、和谐向上的集体文化氛围。

学生的主体意识要调动。辅导员在设计学生活动的时候，一定要引导学生主动参与，增强活动的针对性，这就需要倾听大多数学生的心声，接收大多数学生的主流意愿，要充分发挥各级各类学生组织的作用，构建健全的活动组织体系，完善学生在活动中自我教育、自我管理、自我约束、自我监督的功能，实现学生在活动中学知识、受教育的锻炼，实现由被动到主动的转变。

（3）活动设计的主导性原则

正确的方向要坚持。辅导员在设计学生活动的时候要坚持正确的思想导向，科学、客观、合理地认识高校与社会之间的区别与差距，使校园内的文化氛围继续保持单纯干净。倡导在学生活动的组织与设计上摒弃“空洞繁荣”的低品位文化，通过活动设计培养学生的思维辨别能力，提高认识和追求；通过设计活动的主流文化和主流价值观，弘扬把握青年学生的思想教育、道德教化、品格塑造、人格提升；通过喜闻乐见的载体和贴近现实的内容，凝聚人心，扩大影响，进而产生教育力量。

必要的引导要实施。辅导员在设计完活动的各个环节后，在活动开展过程当中要及时关注活动过程的反馈情况，及时加以指导和引导，提升学生的认知能力、辨别能力和控制能力，坚持唱响主旋律，把握主动权，确保活动整体的方向性和有序性。

（4）活动设计的和谐性原则

主次区分要明确。辅导员在设计大型活动的时候，形式一定是多样的，如知识竞赛、演讲比赛、文体比赛、技能比赛，等等，只有这样才会对学生成长成才、全面发展产生作用。另外，学生因为学业不可能参加全部活动，这就要求辅导员要指导好学生分清活动主次，要在有时间、能力和良好的学习基础之上开展活动，只有这样才会使学生在不同形式的活动中协调互补，得到充实发展。

变换形式和方法要及时。辅导员在设计学生活动的时候，要注意经常变换活动的形式与方法，活动多样性有利于激发学生参加活动的兴趣和能力，辅导员只有在不断地根据学生需求调整活动，才能使学生协调开展各类活动，才能使学生在不同的活动中得到可持续发展。

辅导员开展学生活动要始终坚持“四大原则”，才能把德育、智育、体育、美育、劳育渗透到学生活动之中，使学生在参与活动中受到潜移默化的影响，思想感情得到熏陶，精神生活得到充实，自我境界得到升华，更加全面地实现立德树人。

7 谈辅导员工作应有的七个“主动”

辅导员是大学生成才的教育引导者、事务管理者和成长辅导者，每一个工作点滴，学生都看在眼里、记在心里、以之为范。这就要求辅导员要结合现实需要和目标导向，熟练掌握各项政策，依托各类有效平台，充分运用各级媒介，主动提升日常工作的科学性、实效性和前瞻性，着力发展各项核心能力，才能切实提高大学生思想政治教育的质量。

要主动做好协调工作。在二级院要主动与其他领导沟通，强化“三全”育人中的职责和地位，主动拉动党总支成员参与到学生思想教育中来，针对学生违纪违规事件，要学会通过党政联席会进行协调管理，强化各个环节和人群的监督与教育意识，努力做到学生问题“自己家的孩子自己教育”，营造“问题不出门”的良好自治氛围。

要主动参与指导日常管理。努力搭建成长的平台，通过研讨交流会等形式，时时、处处、事事传递好的经验与理论信息，强化自己的角色意识和岗位意识，强化岗位树人、岗位立身的意识，强化一切为了学生、为了一切学生的意识，努力做到用心、耐心、真心育人。

要主动发现危机苗头。积极开展谈心谈话，与科任教师、与班级干部、与普通学生多交流，才能发现问题，尤其是要关注心理问题学生、经常违规学生、情绪不稳定学生的日常动态，做好预案，备好公约，建立好预警机制，